D1719838

Margot Pennington

Spurensuche

Veröffentlicht im Lenzwald Buch- und Medienverlag, D-84570 Polling
www.lenzwald.de
1. Auflage 2015

Umschlaggestaltung: Klaus Holitzka
Satz: George Pennington
Druck: SDL digitaler Buchdruck, Berlin

ISBN: 978-3-945947-02-9

Bibliografische Information der Deutschen Bibliothek
Die Deutsche Bibliothek verzeichnet diese Publikation in der deutschen Nationalbibliographie;
detaillierte bibliografische Daten sind im Internet unter http://dnb.ddb.de abrufbar.

Für meine Lieben

Inhaltsverzeichnis

Einleitung

Jedes Leben birgt unzählige Geschichten. In jungen Jahren bewegt man sich in diesen Geschichten wie in einem Irrgarten. Zu Beginn verfolgt man auch blinde Wege, Sackgassen, Engstellen, schmale Pfade, holprige und löchrige Strecken, kehrt um, fällt hin, steht auf und setzt erneut an, tut einen nächsten Schritt. Manche Geschichten verwirft man, an andere glaubt man. Mit manchen identifiziert man sich, anderen Geschichten verfällt man. Welche Geschichten in einem Leben zum Tragen kommen, bestimmt darüber, wie der Verlauf dieses Lebens sein wird. Aber egal, welche Geschichten letztlich ein Leben ausmachen, alle Geschichten hinterlassen Spuren.

Diese Spuren entfalten als Rückstände in Körper, Geist und Seele ihre Wirkung. Als Erfahrungsschatz können sie nährend sein und für das jeweilige Leben wegweisend oder gewinnbringend, so dass wir immer darauf zurückgreifen können. Wir können uns an diesen Erfahrungen orientieren, können das bereits Gelernte, die Freuden, die Erinnerungen und Erfolge abrufen und das gegenwärtige Leben damit bereichern. Daneben gibt es in jedem Leben unvollständige, unerlöste, nicht bewältigte und daher belastende Erfahrungen, die nachhaltig ihre Spuren hinterlassen und auf ihre Erlösung warten. Ich meine das wörtlich. Diese Spuren gilt es zu erlösen.

Die Spuren früher Erlebnisse bestimmen unsere Vorlieben und Abneigungen, Erwartungen, Hoffnungen und Ängste und unsere Charaktereigenschaften. Wie und in welchem Ausmaß diese frühen Erlebnisse unsere physischen und psychischen Lebensfelder beeinflussen, dient als Vorlage für zukünftige Lebensbilder und Handlungsstrategien. Damit werden bereits gelegte Spuren immer wieder neu aufgelegt und fortgeführt. Es ist unmöglich einen wirklich neuen Tag zu leben, neu zu handeln, zu denken oder zu sprechen, wenn man nicht zu den alten Geschichten zurückkehrt, ihnen die nötige Aufmerksamkeit schenkt, sie würdigt und vervollständigt - und sie damit heilt und erlöst. Diese Spurensuche sollte ein „Muss" sein für alle Menschen, die lernen wollen, sich selbst und andere zu verstehen und die Wert darauf legen ein lebendiges, freies und erfülltes Leben zu haben. Um neue Spuren legen zu können, muss man aus der alten Spur springen. Die Spurensuche ist dafür eine grundlegende Voraussetzung.

Besonders in Zeiten tiefgreifender Entscheidungen, im Übergang der Lebensalter, in Lebensbrüchen oder Krisen, scheint es mir wichtig, die alten Schlieren und Schlacken der Vergangenheit ungeschönt zu betrachten, sich ihren Stellenwert und ihre Auswirkungen bewusst zu machen, sich Verletzungen einzugestehen, auch solche, deren Verursacher wir selber waren, um sie schließlich aus dem Leben zu entlassen. Das sind Aufräum- und Instandsetzungsarbeiten an Körper, Geist und Seele, wie sie in jedem lang bewohnten Haus nötig werden. Wir kehren die Überreste der Vergangenheit zusammen, putzen den Schmutz weg, ordnen neu und verwahren, was wertvoll war. Für jeden Menschen sind die Inhalte dieser Suche andere, aber für alle ist sie wohl ein Abschied und ein Neubeginn.

Der Großteil meines Lebens ist gelebt und somit Teil meiner Vergangenheit. Was für ein Leben! Ein Leben mit vielen Spannungsbögen, Auf und Ab's, kleinen und großen Wellen in den Gezeiten der Jahre. Wie reite ich die Wellenberge, wie bewege ich mich in den Tälern, wo falle ich aus der Kurve, wo werde ich nass? Wo gibt es in meinem Leben Spuren, auf denen kein Gras mehr wächst, schmale, ausgefahrene Rillen, verbrannte Wege, Wegkreuze und Denkmäler?

Jeder Tag ein neuer Tag, das nächste Jahr, der nächste Moment, ein Galopp, ein Fluss, mit eigenem Tempo, eigenen Inhalten und Schicksalen. Immer neue Herausforderungen, neue Prüfungen, weiter, immer weiter. Urlaub vom Leben gibt es nicht. Bin ich im Fluss, folge ich meinem Rhythmus. Dann höre ich den Grundton meiner Seele und fühle mich leicht. Die Dinge scheinen wie von selbst zu geschehen. Meine Wahrnehmung ist dann auf das Jetzt, auf das Heute gerichtet. Das Tempo ist leicht zu halten, mühelos. Nach dieser Leichtigkeit halte ich Ausschau, wo immer ich meine Zelte aufschlage, wie und wo immer ich lebe. Wenn sie sich einstellt, nehme ich sie wie ein Geschenk entgegen und freue mich daran.

Wenn man in den alten Spuren gefangen bleibt, stellt sich diese Leichtigkeit nicht ein. Die einmal gelegten Spuren erzwingen machtvoll Wiederholung, sie werden gewohnheitsmäßig aufgefrischt und erneuert, unbewusst und zwanghaft bestätigt, wie Zahnräder, die selbstverständlich und freudlos ineinander greifen. So als zöge die Zeit in Schleifen vorbei, in einem endlosen Spiel verfangen, um die zu ihrer Erlösung nötige Achtsamkeit bettelnd. Ein hungriger Sog, ein blinder Bann, der die einmal gesetzte Lebensspur nicht aufgeben will oder kann.

Die Geschichten, Teile meiner ganz eigenen Spuren, die ich in diesem Buch in den Wind streue, sprechen für sich. Sie sollen Mut machen, sich den eigenen Spuren zu stellen, nicht auszuweichen und die Verantwortung dafür zu übernehmen. Für mich persönlich ist die Spurensuche zu einem wichtigen Instrument geworden, um mein Leben sauber zu halten.

Auf meiner Spurensuche bin ich weite Wege gegangen und immer wieder Umwege. Das Herumirren in den Labyrinthen meiner Seele, das Suchen und Finden, das Fragen und Erkennen, die Nöte und die Heilung, all das möchte ich nicht missen. All die Hindernisse, die Schmerzen und Schwierigkeiten verwandelten sich in Quellen der Kraft. Es brauchte Mut, den gewohnten, selbstverständlichen Blick auf das Leben zu brechen.

Meine Geschichten wollen geschrieben werden. Sie drängen regelrecht ans Licht. Erst wenn ich Worte für sie gefunden habe, werden sie wirklich. In der Benennung wird mein Erleben rund. In den Worten finde ich den alten Spuren ein neues Zuhause. Dort dürfen sie sein, niemand macht ihnen diesen Platz streitig. Keine Verdrängung, keine Beschönigung, kein Versteckspiel mehr, nur Licht und offene Weite.

Dem Worte-Finden wohnt ein Zauber inne. Es sind kleine Geburten, die ich nicht selten mit einem Lachen oder einem Weinen begleite. Ich spiele mit den Worten, liebkose sie zärtlich, bis sie sich preisgeben und mit ihren kleinen Gesten meine Seele streifen. Ich werfe sie wie Kieselsteine auf meine Lebensoberfläche und ernte Welle auf Welle. Wohin sie sich ausbreiten, an welches Ufer sie laufen, darauf habe ich keinen Einfluss. Aber es ist ein Tanz, ein zauberhafter Tanz. Worte werfen, wie Steine. Ich setze Wellen in die Welt, die aus meinem Leben, aus meiner Seele hinauslaufen und möglicherweise andere Leben berühren, inspirieren und erfreuen.

Beim Schreiben beende ich das Eigenleben dieser alten Spuren in meiner Seele. Die Geschichten, Bilder meiner Seelenlandschaften, gebäre ich in die Welt und werde damit rund. Ich habe eine Auswahl getroffen, um nicht alle Geschichten dem öffentlichen Blick preiszugeben. Im Lichte der Worte, die ich gefunden habe, würdige ich dankbar das Leben und die anderen Mitstreiter. Wo immer die Menschen in meinen Geschichten sich im Moment befinden, mein Dank und meine Liebe finden euch.

Anfang und Ende

Von den meisten Dingen, die ich erfahren habe, kann ich sagen, sie hatten einen Anfang und ein Ende. Ich konnte sie be-greifen, sie hatten eine Form. Es gab einen Moment in meiner sehr frühen Kindheit, an dem ich erkannte, dass niemand für mich zuständig war. In meinem Fall wurde die Zuordnung vergessen, ich war allein, ich fiel durch ein Raster in einen leeren Raum. Dieser Moment hatte einen Anfang, aber kein Ende.

Natürlich gab es Menschen, die Sorge trugen um mein leibliches Wohl, die mich kleideten und mir zu essen gaben. Und ich meinte sie zu lieben, diese Menschen. Es gab sogar jene seltenen Momente, die in mir ein heißes Gefühl von Glück zum Platzen brachten. Dann lief ich jubelnd hinaus voll kindlicher Freude, mit weit von mir gestreckten Armen und lachte in den offenen Himmel hinein. Und verstand, was Glück war. Auch diese Momente hatten ein Ende.

Meine Liebe erreichte die Menschen nicht, es war einfach niemand vorhanden, der sich lieben lassen wollte. Ich hing wie der Faden einer Spinne in einem leeren Raum und suchte das Netz. Ich wartete auf Menschen und hatte gleichzeitig Angst vor ihnen. Ich war wie jemand, der bei helllichtem Tag mit seiner Laterne auszieht, um Menschen zu suchen.

Meine Seele trieb durch die Zeit wie ein ausgetrockneter Schwamm. Zeit war immer im Überfluss vorhanden. Meine Kindheit war übervoll davon, so voll, dass ich sie in Schwerstarbeit abzuarbeiten versuchte. Sie türmte sich immer wieder von neuem auf und wollte nicht enden. Ich erfand Rituale, um der Zeit eine Form zu geben, verschenkte sie in großen Dosen, versteckte die Gewichte der Kuckucksuhr, durchkreuzte die Tage auf den Kalenderblätter, im voraus, oder schnitt sie von einem Maßband ab, das ich immer bei mir trug. Jeder Tag ein Zentimeter. Jeden Abend. In den Räumen meiner Kindheit waren die entsorgten Zentimeter meines Überlebens überall zu finden. Ich schnitt sozusagen meine Kindheit von einem Maßband ab. Damit bekam die Leere eine Form. Das Maßband ordnete meine Welt, gab mir ein wenig Struktur, verzögerte das ungebremste Fallen. Ich war allein, daran war nichts zu ändern. Ich verfiel darauf, auch die Menschen, die ich nicht lieben durfte, zu vermessen. Ich wollte wissen, wes Geistes Kind sie sind, wollte einen Menschen finden, der mich sah, der mein Sein und meine Not verstand und der mit zarten Händen meine Seele berührte. Ich wollte gesucht und gefunden werden.

Also dachte ich mir Fragen aus, die ich den anderen Menschen stellen konnte. Ich mutmaße heute, dass es nicht die richtigen Fragen gewesen sein können. Zum Beispiel diese: „Würdest du für Gott sterben?" So etwas fragt man doch nicht. Damals schien genau diese Frage die einzig mögliche zu sein. Die Menschen verstanden meine Fragen nicht, sich schauten mich nur äußerst befremdet an, mit großen Augen und gerunzelter Stirn. Ich fand niemand, der für Gott gestorben wäre, es fand sich auch niemand, der mich gefragt hätte, was denn genau ich damit meinte. Sie schienen bereits zu wissen, was meine Frage bedeutete, nämlich, dass mit mir irgendetwas nicht in Ordnung sein konnte.

Für mich war diese Frage natürlich längst mit einem Ja beantwortet. Hätte mich jemand gefragt, was ich denn mit dieser Frage meine, hätte ich wahrscheinlich gesagt: Gott ist die Liebe. Warum ich nicht gleich gefragt habe „Würdest du für die Liebe sterben?" Vermutlich war die Frage nach Gott weniger schmerzhaft als die nach der Liebe. Bei der Liebe hätte ich höchst wahrscheinlich Tränen vergossen und mir erneut eine Blöße gegeben.

Aber wenn man nicht für die Liebe sterben konnte oder wollte, wofür denn dann? Das schien doch das einzig Sinnvolle zu sein. Ich hielt also meine Fahne in den Wind: „Würdest du für Gott sterben?" „Nein", „Wie kann man

nur so blöd fragen", „Das Kind hat nichts als Flausen im Kopf", und zu meiner Mutter gewandt: „Sind Sie sicher, dass mit dem Kind alles stimmt?" Nein, meine Mutter war nie sicher. Sie schämte sich für meine Fragen und zischte, drohte, schrie, strafte oder entschuldigte sich, um mich irgendwie mundtot zu machen.
Es ist ihr nicht gelungen.

Ich wollte mit meinen Fragen doch nur Begegnung schaffen, Gespräche anzetteln oder Menschen berühren und erreichte genau das Gegenteil. Ich war zu intensiv, zu direkt und zu ehrlich. Ich forderte die Menschen heraus. Also mied man mich. Man ging mir aus dem Weg. Kam ich in einen Raum, wurde es still. Man wollte meine Fragen nicht provozieren und schon gar nicht wollte man sich mit meinen Fragen oder mit mir auf irgend eine Weise beschäftigen. Ich nagte schwer an dieser meiner Realität. Ich war gerade mal 12 Jahre alt und hatte mich so komplett mit dem Rücken zur Wand manövriert, dass ich nicht mehr weiter wusste.

Jetzt begann ich mich zu verstecken, gab nichts mehr preis von meiner Liebe, nichts mehr von meinen Fragen oder von meiner Lebendigkeit. Ab jetzt machte ich alles allein mit mir aus. Ich gab auf. Den Fluch der Einsamkeit verwandelte ich in sein Gegenteil, den Segen, und schöpfte Kraft daraus. Bis die Einsamkeit süß wurde.

Ich befand mich in Todesnähe, so gut und tief nach innen verkrochen, dass ich mich beinahe selbst nicht mehr fand.

Ich verkümmerte nach innen, weil die Liebe fehlte. Überall dort, wo Mensch-Sein, Vertrauen, Nähe begrenzt wurden, gab es auch immer Grenzen für die Liebe. Mein Freund, der Tod, beriet mich. Er sagte in etwa folgendes: „Dreh dich nicht um, Dein Hunger ist nicht stillbar. Geh Deinen Weg und schaue nur nach vorne. Ich gebe Dir Rückendeckung." Ich glaubte ihm. Der Tod belog mich nie. Ist es morbide, so zu denken?

Ich stellte mich tot. Außer meinem Leben hatte ich nichts zu verlieren. Alles, was mir wichtig und verletzlich schien, verbarg ich vor den Anderen. Dazu gehörte auch das Sprechen. Ich hörte auf damit und wurde stumm. Ich wollte kein Wort mehr sagen.

Sprache ist immer ein wohlgeordnetes Modell ganz bestimmte Erfahrungen auszudrücken. Aber sie ist begrenzt. Nicht alle Erfahrungen haben darin Platz. Auch meine Erfahrungen, meine Fragen hatten darin keinen Platz, waren nicht willkommen. Und, so dachte ich weiter, wenn es keine Worte für meine Erfahrungen gibt, dann gibt es meine Erfahrungen selber vielleicht auch nicht, denn dann haben sie keine Wirklichkeit. Also, folgerte ich, ist irgendetwas mit mir nicht in Ordnung.

Es war nicht viel mehr übrig von mir als dieses kleine, nackte „Ich-selbst". Das aber hielt ich mit beiden Händen fest, streichelte meine Haut, mein Gesicht und sagte mir: „Das bin ich"! Das genügte immer für den Moment. „Ich" gab mir die nötige Form.

Mein Leben glich einem schnurlosen Telefon. Ich hatte jede Menge Antennen, aber keine Verbindung. Ich war klein und unsichtbar und äußerte mich nur, wenn ich gefragt wurde, und das auch nur, wenn ich gerade auf Empfang war.

Allein

Ich wachte auf und war glücklich. Es war mein fünfter Geburtstag. Mitten im Sommer, ein Tag, der schon morgens um sieben heiß zu werden versprach. Für diesen Tag hatte ich bereits ein paar andere hinter mich gebracht, herunterzählend von noch 10 mal schlafen bis heute. Jetzt war es soweit. Die Bebilderung dieses Tages war in meinem Kopf schon ausgereift. Die Tür sollte jetzt aufgehen, alle sollten mit lachenden Gesichtern und singend hereinkommen, mich hochleben lassen und sich an mir freuen. Ich summte ein Liedchen und wartete. Nichts geschah. Nach einer weiteren Weile des Wartens stieg ich aus meinem Bett und zog mich an.

Heute musste es mein Lieblingshöschen sein, blau, mit gestickten rotweißen Blümchen auf der Tasche. Ich rief nach meiner Mama, nach meinem Bruder. Nichts. Niemand antwortete. Meine anfängliche Verstimmung, ein vages beleidigtes Schmollen, wich einem unguten Gefühl der Angst. Niemand da. Es war mein Geburtstag und niemand war da? Was war passiert? Ich suchte alle Zimmer ab, ich rief lauthals nach den Meinen. Niemand da. Was sollte ich denn jetzt tun? Ich hatte doch Geburtstag. Sie sind alle fortgegangen und haben mich vergessen, alleingelassen an meinem Geburtstag. Ein panisches Gefühl schlich meine Beine entlang nach oben. Sie haben mich alle allein gelassen! Jetzt kamen die Tränen, ich lief weinend hinaus auf die Straße und rief nach meiner Mama. Sorgfältig suchte ich alle Straßen ab, im ganzen Ort, stolpernd riss ich mir die Knie auf, die Panik wurde immer größer. Ich lief weiter in den Wald, ein Stück des Weges hinunter in Richtung Stadt, lief die Obstgärten am Bach vorbei wieder hinauf, begleitet von meinen Schluchzern. Die Wege, die ich lief, waren unter normalen Umständen verboten, sie führten mich zu tief Richtung Stadt und in die Wälder hinein, aber ich sah nichts mehr, ich lief immer weiter in den Wald hinein, rannte mit blindverheulten Augen. Eine mir unbekannte, alte Frau, mit einer Kräuterwippe auf dem Rücken, stoppte meine Odyssee. Sie nahm mich in die Arme und sprach sanft auf mich ein: "Warum weinst du denn so Kind?" Ich wiederholte zwei-, dreimal den Satz „Sie sind alle fortgegangen", und das Aussprechen brachte das Elend und die Tränen noch heftiger hervor. Die alte Frau versuchte mich zu trösten. Ich konnte diesen Trost nicht annehmen. Ich fühlte mich, wie ich mich fühlte. Elend.

Schon zu oft wurde ich alleingelassen. Schon zu oft wurde ich vergessen. Heute, an meinem Geburtstag, war das einmal zu viel. Die Hoffnung, dass sich das jemals ändern würde, verließ mich in diesem Moment. Mein

Glaubensfaden gerissen. Ich wollte nichts mehr hören. Ich riss mich los und rannte weiter, mittlerweile orientierungslos verirrt in den Weiten meiner kleinen Welt. Irgendwo fand ich eine Schaukel, auf einem kleinen, sandigen Spielplatz, der mit Bäumen und vielen kleinen und größeren Bänken gesäumt war. Die Füsse taten weh, den Schnodder verteilte ich mit dem Handrücken im Gesicht, ich hatte Durst und Hunger, die Tränen waren versiegt. Ich saß auf dieser Schaukel und wurde still und wartete. Ich könnte nicht sagen worauf. Heute weiß ich, dass das der Moment war, in dem ich mein Leben in die eigenen Hände nahm. Ich verstand schmerzhaft, dass für mich niemand zuständig war. Hier endete mein kindliches, immer und immer wieder enttäuschtes Vertrauen.

Gevatter Tod saß auf der Nachbarschaukel und dieses Mal sagte er gar nichts. Er schaute mich nur fragend an. Meine Kindheit fand an diesem Tag ihren Abschluss. Im Schauen, Begreifen und Erkennen fühlte ich mich plötzlich um Jahre älter. An einer imaginären Weggabelung in meinem Herzen traf ich meine Wahl, schritt weit aus und ging. Und dieser Weg ging nicht zurück zu meiner Familie, sondern weit weg von ihr. Ich horchte auf die Stimmen in meinem Herzen, von niemand Anderem begleitet als dem Tod. Unmöglich, werden Sie sagen, einem 5-jährigen Kind kann so etwas nicht widerfahren. Aber so war es. Viel zu früh, sage ich heute, bin ich erwachsen geworden.

Es schienen Stunden vergangen zu sein, als sie mich fanden, immer noch auf der Schaukel sitzend. Alles war mir fremd, auch die beiden Menschen, die da mit einem bunten Wiesenstrauß vor mir standen und mir zum Geburtstag gratulierten. Ich lachte nicht, aber ich weinte auch nicht mehr. Es war mir einerlei. Ich fühlte mich wie von einem anderen Stern heruntergefallen. Ich schaute sie an und war Lichtjahre entfernt. Alles, auch mein Geburtstag, hatte keine Bedeutung mehr. Die Mutter lachte, sie lachte mich aus, weil ich so ein Theater machte. Das wäre doch alles nur für mich gewesen, eine Überraschung für meinen Geburtstag. Sie sei mit dem Bruder in die Stadt gelaufen, hätten sich mit der Zeit vertan, hätten auf irgendwelchen Wald- und Wiesenwegen Blumen gesucht. Jetzt seien sie ja wieder da, nun sei ja alles wieder gut. Sei ja eh alles nur für mich gewesen. Nur für mich.

Ich schaute mich um unter den Menschen, entwickelte ein Gespür für sie. Aber in meinen jungen Jahren, ich räume das gerne ein, haben Menschen mich ratlos gemacht. Ich war so erschreckend jung und zart und anfällig für jedwede Ungerechtigkeit seitens der Menschen, konnte aber trotzdem mein Studium der Menschen nicht einstellen.

Es war ein Graus. Es gab keinen Schutzraum, in den ich mich schnell genug hätte verkriechen können. Zu viele Menschen in einem Raum trieben mir den Angstschweiß aus den Poren. So viele Lügen in ihren Gesten, ihren Augen und in ihren Worten, soviel selbstgefällige Unaufrichtigkeit. Ich fühlte mich nirgendwo sicher.

Dabei schienen die Menschen so überaus bedürftig und zerbrechlich, so schutzbedürftig, so hilflos. Vielleicht spiegelte ich auch nur mein eigenes Leid, auf der übergroßen Projektionsfläche, die die Menschen mir boten. Ich fühlte mich aufgefordert zu helfen, mitzutragen, zu verstehen und machte schon sehr früh die stille Forderung nach Hilfe zu meiner Angelegenheit. Ich fühlte mich wie die Klagemauer der Welt, nahm diese Rolle an und trug sie über Jahre wie ein mir auf den Leib geschneidertes Kleid. Damit litt ich auch an der Enge, die diese Rolle gleichermaßen bereithielt.

Ich konnte mich in den Augen der Menschen nicht erkennen. Ich fand keinen Halt auf einem anderen Seelenboden. Ich trieb davon, an den Reihen der Menschen vorbei, einem Abgrund entgegen, der Einsamkeit hieß. Meine Seele glich einer Insel, die in einem unbegrenzten Raum trieb. Schorfig, frierend und hungrig. Ich war allein. In diesem Alleinsein musste ich mir selbst genug sein. Mehr gab es nicht.

In meiner eigenen Art des Stillgewordenseins habe ich im Laufe der Zeit eine Vorstellung davon entwickelt, wie der Kontakt zu anderen Menschen beschaffen sein muss. Er muss eine Qualität haben, die die Seelen verbindet und das Wesentliche berührt und offenbart. Das ist sehr anspruchsvoll, das weiß ich, aber ohne diese Qualität hat echte Beziehung keine Chance. Im Laufe der Jahre bin ich zu einem Menschen geworden, der in den vielen unterschiedlichen Beziehungen zu Menschen mit Hindernissen und Schmerzen zu tun hatte, der sich aber trotzdem geöffnet und geoutet hat, der geliebt und an der Liebe gelitten hat. In all diesen Bemühungen bin ich immer wieder auf dem harten Boden der Realität gelandet, habe mich redlich um Zwei- oder Mehrsamkeiten bemüht und bin doch immer wieder und immer noch allein.

Frühe Suche

Der Tod war allgegenwärtig. Ich atmete ihn ein, ich atmete ihn aus. In jedem einzelnen Atemzug war er vorhanden. Seine Präsenz war intensiv und verlangte meinem kindlichen Sein alles ab. Er sprach mit mir und zeigte sich mir, als wäre er ein weiteres Mitglied meiner Familie. Es war ein selbstverständlicher Umgang, schließlich sind ihm beide Elternteile schon einige Male von der Schippe gehüpft. Dass er Bestandteil meines Lebens wurde, war vielleicht nur eine logistische Fehlfunktion, eine Art Kollateralschaden. Über den Tod gesprochen wurde innerhalb der Familie nicht. Überlebt zu haben war genug, mehr konnte man nicht verlangen.

So wurde der Tod schon früh zu meinem Begleiter. Wie ein siamesischer Zwilling, wie mein Schatten. Für die anderen unsichtbar, für mich aber zu jeder Zeit präsent. Ich konnte sehen, wie er sich bewegte, ich spürte seine Nähe auf der Haut. Er saß mit zu Tisch, er schlief in meinem Bett, er lauerte in jedem Fieber und er hatte einen festen Platz in meinen kindlichen Ängsten. Ich fühlte ihn bei anderen Menschen herannahen. Als Dreijährige ging ich an der Hand meiner Mutter zum Einkaufen. Als sie ein kurzes Gespräch mit einem älteren

Herrn beendete, zupfte ich sie am Kleid und sagte: „Mama, der Mann stirbt bald". Meine Mutter glaubte mir nicht, war eher peinlich berührt von meinen Worten. Ein paar Tage später starb der Mann. Manchmal sah ich den Tod hinter den Menschen stehen, manchmal lag er auf den Gesichtern, dann wieder folgte er den Menschen mit einem kleinen Abstand.

Mit ihm war ich nie allein. Er war mein Ratgeber, mein Begleiter und mein Freund. Damals mein einziger Freund. Er saß mir buchstäblich im Nacken und wenn ich jemandem böse war, jemanden verurteilte, ablehnte, beschimpfte oder schlecht über jemanden dachte, erhob sich ein innerer Zeigefinger, der mir gebot innezuhalten und still zu werden. Der Tod sagte in etwa folgendes: „Das Leben ist kurz, es wird sinnlos, wenn Du es mit Bösem vergeudest. Du bist verletzt, aber verletzt ist immer die Liebe. Lass nicht zu, dass die Liebe sich zurückzieht." Dann drehte ich mich um, dankte und machte wieder einen nächsten Schritt ins Leben hinein. Leicht war das nicht.

Man sah mir an, dass bei mir noch etwas anderes mitschwang. Ein Jenseitshauch, ein leiser Wind, tiefe, stille Augen. Ich war anders als die anderen Kinder. Sie wollten nicht mit mir spielen, daran änderten selbst die Bestechungsversuche meiner Mutter mit bunten

Gummibärchen nichts. Wenn ihr mein Lamentieren zuviel wurde, nahm sie mich mit auf den Friedhof. Dort war es still. Wir gingen von Grab zu Grab, lasen die Inschriften auf den Grabsteinen, schauten uns die Kindergräber an, machten, auf der Friedhofsmauer sitzend, Photos fürs Familienalbum und waren froh und dankbar, dass die Grube für uns noch nicht ausgehoben war. Ich kann mich an keine anderen Spaziergänge erinnern.

Und noch etwas gehörte zur Leidenschaft meiner Mutter. Wir besuchten die Neuzugänge in den Leichenhallen. Immerhin war es ja möglich, dass wir noch nicht alle gesehen hatten. Einmal, als wir die Tür eines Aufbahrungsraumes öffneten, lag da Frau Jani, eine Wahloma aus dem Altenheim in unserer Nachbarschaft. Ich wusste sie war gestorben, hatte das aber noch nicht begriffen. Und begann zu weinen. Ich sollte sie anfassen, sagte meine Mutter, und ich erschrak noch mehr. Der Tod hatte sie kalt gemacht, die Liebe ihrer Augen, wenn sie mir Süßigkeiten schenkte, war verschwunden. Das war der erste Tod eines Menschen, den ich kannte und der mir lieb war. An diesem Tag kamen die bösen Träume.

Und dann war da das Essbesteck, das meine Mutter von Frau Jani geerbt hatte. Ich verweigerte das Essen, wollte nie wieder etwas essen, ich brachte es einfach nicht über mich. Ich sortierte das Besteck aus. Am nächsten Tag war es wieder in der Schublade. Ich bettelte unter Tränen, meine Mutter möge mir bitte dieses Besteck ersparen. Sie war unbarmherzig. Mein Bruder bekam von Frau Jani ein niegelnagelneues Fahrrad und ich erbte böse Träume.

Ich konnte nicht mithalten, wenn andere Kinder von neuem Spielzeug erzählten. Meine Geschichten waren ganz anderer Art, doch davon wollte niemand etwas wissen. Sie liefen vor mir davon, die Kinder.

Mein empathischer 7. Sinn ging so weit, dass ich immer wieder die nächsten Sterbenden benannte und darum bat mich um sie kümmern zu dürfen. Das wurde nur manchmal erlaubt. Manchmal klingelte es auch an der Tür und jemand fragte, ob ich denn kommen könne. So manche Hand habe ich gehalten, so manche Worte habe ich gesprochen oder zu mir genommen und so viele Augen habe ich brechen sehen. Ich war noch so jung und im höchsten Maße zart und empfindsam, aber ich habe mich immer um Sterbende gekümmert, als hätte ich nie etwas anderes getan.

Mit etwa fünf Jahren zeigte mir der Tod die Brücke, die die Welten verbindet. Eines Nachts führte er mich hinüber. Ich schaute mit großen Augen und zitterte vor Angst. Dann stand ich vor einem großen, bewachten Tor. Links und rechts ein Torwächter, beide sehr freundlich.

Der Größere trug den Namen El-Bahouac. Sie sprachen
mit mir und sagten, es sei nicht für jedermann diesen
Weg zu kennen. Ich solle wieder zurückgehen, für mich
sei es viel zu früh. Da ging ich zurück in dem Bewusstsein
abgründiger Einsamkeit. Das Hin- und Hergehen zwischen
den Welten war verwirrend und überfordernd.

Wen sollte ich um Rat fragen? Ich kam auf die Idee mich
an unseren Pfarrer zu wenden. Er war ja, was ich schon
sehr früh zu verstehen glaubte, ein überaus kluger
Vertreter Gottes. Ich wollte mir Klarheit verschaffen.
Auf mein Läuten öffnete sich die Tür. Ein paar Augen
schauten von sehr weit oben auf mich kleines Wesen
ganz weit unten. „Was willst **Du** denn?", wollte er wissen.
Ich schaute ihn mit großen Augen an und sah seine Angst.
Das war mir egal, ich war in Not und brauchte ein Stück
Wissen. „Grüß Gott, Herr Pfarrer, wie ist das mit dem Tod,
wenn er mit mir spricht……?" Er schaute nur und sagte
kein Wort. Ich schaute auch nur und sagte nichts mehr.
So standen wir uns wortlos gegenüber.

„Wo ist denn Deine Mama?", fragte er schließlich.
„Meine Mama ist zuhause", sagte ich in diese breite Stille
hinein. Wieso war ihm das denn wichtig? Noch hatte er
nichts zu meiner Frage gesagt. „Na dann geh doch mal
nach Hause und frag Deine Mama, Du bist ja noch so
klein." Damit schloss der Vertreter des Herrn sein Tor.

Da waren ja selbst die Wächter des Todestores noch freundlicher. Ich war enttäuscht, nein, ich war empört. Ich klingelte noch einmal, aber die Tür öffnete sich nicht mehr. Er hatte mich nicht ernst genommen und einfach draußen stehen lassen. Wie alt musste ich denn werden, um von anderen Menschen ernst genommen zu werden? Ich weinte. Damals weinte ich noch viel, ich glaube aus Prinzip, einfach deshalb, weil ich nichts zu lachen hatte.

Im Altenheim dagegen war ich ständig ein willkommener Gast. Ich teilte mich zwischen den Menschen auf. Sie waren zwar ausnahmslos alt, verbraucht oder krank, aber ich konnte fragen soviel und was ich wollte, und die Fragen wurden auch, so gut es eben ging, beantwortet. Auch der Tod war hier zu Gast. Niemand lachte mich aus. Die Alten freuten sich, wenn ich kam, ich kaufte dies oder das für sie ein, brachte die Wäsche weg, ging zur Post, oder saß einfach nur da und schwatzte mit ihnen. Wenn ich traurig war, trösteten sie mich mit Süßigkeiten und Kuchen. Ich tröstete sie mit meinen Geschichten und Fragen, wir lachten und wir weinten miteinander. Ich erzählte ihnen auch von den Fragen, die in meiner Seele brannten.

Wenn der Tod im Zimmer schließlich überhand nahm, baten sie mich zu bleiben. Ich hielt ihre Hände, sah den Tod näherrücken, bis er ihnen die Hand reichte und sie mitnahm.

Viele Jahre später sagte mir ein hoch geschätzter Freund: „Du bist viel zu früh alt geworden". Diesen Satz verstand ich spontan sehr tief. Wie recht er doch hatte.

In diesen Tagen legten die Menschen mir nahe Nonne zu werden. Ich hätte all das, was man für ein gottgeweihtes Leben bräuchte. Das Bild gefiel mir. Hatten Nonnen nicht mit dem Tod und mit Gott zu tun? Ich hatte nichts dagegen ein selbstloser Engel zu werden, nur Gott unterstehend. Dieser Direktzugang zum lieben Gott hätte mir gut gefallen. Auch, dass werdende Nonnen eine Weihe erhielten. Ich fand nichts auf der Welt erstrebenswerter als geweiht zu sein. Bäuchlings auf dem Steinfußboden einer kargen Kirche zu liegen, das Gesicht im Staub, vor Hunderten von Zeugen ein absolut verbindliches Ja zu sprechen und zu einer von Gottes neuen Bräuten zu werden. Das war ein schönes, zutiefst erfüllendes, aber auch ein trotziges Bild.

Aber es war eben nur mein Bild von einem solchen Leben. Das Bild hat der Realität nicht standgehalten. Eines der Gelübde hätte ich nicht halten können: Gehorsam. Ich bin kein gehorsamer Mensch. Ich bin ein zutiefst eigenwilliger, fragender und hinterfragender Mensch. In meinem Geist, in meinem Herzen und in meiner Seele ist immer ein Quäntchen Zweifel enthalten. Damit bin ich nie sicher. Und dieser Zweifel bleibt Nährboden für neue Fragen.

Wie könnte ich jemals gehorsam sein? Das hieße ja den Antworten und Sicherheiten anderer Menschen zu folgen.

Erst sehr viel später wurde mir klar, dass es für jeden Menschen eine sehr eigene Weihe gibt. Es lag in meiner Verantwortung diese Weihe zu erhalten.

Die drei Schutzengel

Wusstet ihr, dass ein Kind drei Schutzengel hat? So hörte ich das wenigstens immer von den Alten. Ich hatte Skrupel alle drei Schutzengel auszureizen. Nach dem zweiten Mal bekam ich es mit der Angst zu tun.

Der erste Schutzengel wurde kurz nach meinem dritten Geburtstag bemüht. Ich rannte über die Straße, einer Katze hinterher. Dabei hat mich das rote Auto eingefangen. Filmriss. Das Auto fährt weg.

Ich sitze am Straßenrand und schaue. Bilder, viele Bilder. Keine Menschen. Ich weine nicht, ich bin ganz, ganz still. Mein Bewusstsein funktioniert bis zu der Erkenntnis, dass ich mutterseelenallein bin. Ich höre Fenster auf- und wieder zugehen. Sie Stille wird qualvoll. Bis jetzt spüre ich den Schmerz nicht, nur eine Art Dumpfheit, ein Dröhnen im Kopf und diese bodenlose, quälende Einsamkeit. In dieser Leere warte ich. Warten, weil mir nichts anderes zu tun einfällt. Nach einer gefühlten Ewigkeit nimmt eine Hand die meine und führt mich weg von der Straße, führt mich den vertrauten Weg am Haus entlang bis zu einer Holzbank und setzt mich da hin. Eine Stimme sagt mir, dass meine Mama nicht da sei und ich hier auf der Bank

sitzen und warten soll. War die Stimme freundlich?
Ich weiß es nicht. Ein anderer Mensch legt mir einen
eiskalten, tropfenden Waschlappen auf das Loch im Kopf.
Dann entfernen sich beide.

Spätestens auf dieser Holzbank sitzend habe ich in dieser
endlos scheinenden, gestreckten Zeit das Leben in seiner
pulsierenden Vielfalt und die Menschen darin vollständig
verstanden. Hier traf ich Entscheidungen, die bis heute
wirken. Ich war gebannt in einer allumfassenden Schau,
nach innen und nach außen. Die Zeit stand still, ich hatte
aufgehört zu warten. Ins Zeitgefüge hatten sich wie von
Zauberhand ein paar extra Sekunden hineingeschoben,
die quer zum Leben eine eigene Geschichte erzählten.

Der Tod, schon wieder der Tod, nahm mich bei der Hand,
er sprach mit mir und zeigte mir alles, was ich wissen
wollte. Zu meiner Linken sah ich einen Engel. Jetzt war
ich nicht mehr allein. Diese paar extra Sekunden hoben
den Vorhang zwischen den Welten und stellten mich
unter Schutz.

Meine Mutter erkannte ich an dem immer größer
werdenden Lärm um mich herum. Nun wurde für mich
gesorgt, ein Arzt wurde geholt, das Blut gestillt, mein
Kopf genäht. Und mein Vater wurde aus der Arbeit nach

Hause gerufen. An diesem Abend fiel der denkwürdige Satz: „Ein Kind hat nur drei Schutzengel."

Der zweite Schutzengel kam einen Tag vor der Einschulung zum Einsatz. Wir wohnten in einer immer größer werdenden Ortschaft, deren linke Hälfte von der rechten Hälfte durch eine breite, viel befahrene Straße getrennt war. Eine Ampel gab es nicht, aber eine Unterführung, die ich immer fürchtete. An der Hand meines Bruders, so dachte ich, konnte mir ja nichts passieren. Wir standen am Straßenrand, er riss sich los und rannte über die Straße. Ich rannte einfach hinterher. Diesmal war das Auto grün. Ich wurde auf die andere Straßenseite geschleudert, mit dem Kopf gegen die Bordsteinkante. Mein Kopf hatte an genau derselben Stelle, aber seitenverkehrt, ein noch größeres Loch. Wie ein Stehaufmännchen kam ich sofort auf die Beine. Ich vergewisserte mich, dass mich niemand beschimpfte, wollte in die Arme meines Bruders, wollte getröstet werden. Er schaute mich mit geweiteten Augen an, streckte die Arme von sich, wie um mich auf Abstand zu halten und rannte auf und davon. Ich blieb allein zurück. Erst jetzt bemerkte ich all das Blut, das meinen Pullover rot werden ließ und erschrak. Ich weinte, nicht aus Weh, sondern weil niemand da war.

Der Autofahrer stieg aus, rannte auf mich zu und fragte mich immerzu nach meinem Namen. Nach dem x-ten Mal sagte ich:"Ich will nicht mehr sagen, wie ich heiße. Ich heiße immer noch gleich". Von der anderen Seite kamen meine Mutter und mein Bruder gerannt. Beide aufgelöst, klagend und schreiend. Jetzt zerrten alle an mir herum und führten mich über die Straße zu einer Ärztin, die das Blut stillte und meinen Kopf zunähte. Ich ließ das alles über mich ergehen, stumm geworden und ganz in mir verkrochen.

Der nächste Tag, das war mein Tag. Schon lange war das mein Tag. Mein erster Schultag, seit zwei Jahren heiß herbeigesehnt. Aber ich hatte den ganzen Morgen gebrochen. Trotzdem wollte ich in die Schule und erlaubte keinen Widerspruch. Das war mein Tag. Ich hielt mich an meiner Schultüte fest und wiederholte stereotyp die ganze feierliche Veranstaltung hindurch: „Mir ist so schlecht, ich glaube ich muss spucken". Mein Kopf hatte einen Verband, ich sah aus wie ein eingefatschter Kriegsveteran, aber unter all dem elenden Gefühl beschädigt zu sein, war ich glücklich. Auch mein Schutzengel nahm an meiner Einschulung teil, ich stellte ihn meiner Mutter vor. Ich glaube, sie dachte, ich hätte Schaden genommen.

Worte

Mutter sagte, ich solle in die Kirche gehen, dort werde man alle meine Fragen beantworten. In der Kirche aber bedeutete mir der Herr Pfarrer, ich solle meine Mutter fragen. Bei all dem Herumgerenne zwischen Kirche und Mutter bin ich schließlich, der Einfachheit halber, in Mutter Kirche sitzen geblieben. Obwohl ich klein und jung war, bestand ich darauf mir meine eigenen Gedanken zu machen und die eigenen Schlüsse zu ziehen. Einen Stammplatz hatte ich auch. Direkt vor der Kanzel saß ich, von der aus der Herr Pfarrer oft genug das „lebendige Wort" gepredigt hatte. Davor saß ich. Still, in Andacht!

Messen, Hochzeiten, Trauerfeiern, Hochämter, Beichten und Taufen hindurch saß ich dort, vormittags, nachmittags, sonntags, zu jeder nur denkbaren Zeit las ich mich durch die dort eingravierte Inschrift: „Am Anfang war das Wort, und das Wort war bei Gott, und Gott war das Wort."

Das mit den Worten war so eine Sache. Für mich waren sie Lebewesen der anderen Art, die mir alles bedeuteten. Dass es aber göttliche Worte sind und damit Gottesqualität besitzen, beeindruckte und beschäftigte mich nachhaltig.

Ich saß also in meiner Kirchenbank und kaute an diesen Sätzen herum, tagein, tagaus, wann immer ich Zeit fand. Nahm die Worte immer wieder in den Mund, legte sie mir auf die Zunge, schmeckte ihren Gehalt, ihre Textur, ihre Süße, manchmal verzweifelt, manchmal froh, wenn sie ihr Geheimnis preisgaben oder ein neuer Gedanke gefunden war. Manchmal quollen sie auf, manchmal lösten sie sich auf, manchmal hüpften sie mir von der Zunge und sausten die Länge und Breite des Kirchenschiffes ausnutzend durch den Raum, um schließlich wieder an ihren angestammten Platz zu fallen.

Zwischen ungebrochener Neugierde und sanfter Betäubung graste ich Bedeutungen ab, sezierte sie, erfühlte sie, zerrieb sie zwischen den Zähnen und hoffte auf des Rätsels Lösung. Ich brauchte eine Weile, um zu begreifen: wenn man zulange ein Wort spricht, spricht das Wort nicht mehr. Alle Bedeutung fällt heraus. So wurden so manche Worte leer. Worthülsen starrten mich an, immer und immer wieder.

Worte wurden für mich zur Leidenschaft. Ich liebe sie und sie lieben mich. Ich bitte darum, dass sie mir ihr göttliches, lebendiges Geheimnis enthüllen und werde über die Maßen beschenkt. Ich würdige sie und gehe behutsam mit ihnen um. Gebete bestehen aus Worte, Worte sind Gebete. In ihrer Beseeltheit sprechen sie zu mir.

Als Kind spielte ich mit Worten, wie andere Kinder mit Murmeln. Ich konnte stundenlang in einen Singsang verfallen, in einem für andere Menschen völlig unverständlichen Gebrabbel neue Wortwelten erschaffen, Inhalte in Worthülsen stecken, andere wiederum von ihren Hülsen befreien und neue Worthäuser bauen. Worte glichen beschwörenden Formeln, ein magisches Unterfangen, das ständig neues Erleben mich sich brachte.

Täglich besuchte ich die kleine Bücherei des Ortes. Für mich war sie mein eigentliches Zuhause, ein heiliger Ort. Dieser Ort versetzte mich in Verzückung. Hier gab ich mich ganz meiner Forschung hin. Ich verbrachte Stunden damit, liebevoll und staunend über Buchrücken zu streichen. Jedes dieser Bücher enthielt andere Worte und andere Welten. Was für ein Schatz! Wie eine Raupe fraß ich mich nimmersatt durch Zeilen, Seiten, Bücher und Regale. Bis ich nach acht Jahren den Satz hörte: „Wir haben nichts mehr für Dich." Da bin ich hungrig weiter gezogen.

Ich glaube an Worte, ich vertraue ihrem Klang und verlasse mich auf sie. Ich nehme bereitwilligst ein gegebenes oder gesprochenes Wort für bare Münze. Ich will es nicht dehnen, biegen oder brechen. Man kann

mir zurecht Naivität vorwerfen, trotzdem nehme ich
Worte wie ein Geschenk entgegen. Manchmal schenkt
sich dadurch Nähe und Liebe, manchmal bringt es
Grenzen und Trennung, manchmal Krieg und Tod. Saftige,
lebendige Worte erweitern und bereichern die Horizonte,
sie sind das Elixier des Lebens. Große Geister, kleine
Geister, große Worte, kleine Worte. Tote Worte machen
kleine Geister noch kleiner. Man muss nicht ein Mensch
„großer Worte" sein, wenn die Worte wahr und beseelt
sein dürfen. Dann genügt ein Wort!

Es gibt unzählige Leidenschaften. Manche Menschen
sammeln Briefmarken, andere sammeln Teetassen oder
Flacons, andere wiederum Münzen oder Kunstwerke.
Ich sammle Worte, ich bin eine Wortsammlerin. Schöne
Worte, liebevolle Worte, stille Worte, helle und dunkle
Worte, beseelte Worte, lebendige Worte.... Mein Archiv
ist groß. Es gibt auch vieldeutige Worte und Worte, die
sich nirgendwo anlehnen können. Dann gibt es Worte,
die noch nicht in der Welt sind, weil sie noch niemand
gesprochen oder gedacht hat. Worte auf Wartehalden,
verwahrloste Worte, schmutzige Worte, zerstörende
Worte und heilende, beseelte Worte. Die Liste ist lang.
Und es gibt auch heilige Worte. Worte, für die Gott seine
Finger streckt und die Seelen berührt. Und Gott war das
Wort!

Ein Freitag kommt selten allein

Unvermeidbar waren die Freitage. Jede Woche von neuem. Freitage bedeuteten Angst, Panik und verzweifelte Gefühle des Ausgesetztseins. Bereits die morgendliche Ankündigung „eines guten Fischessens" war drehbuchgemäß. Stichwort gefallen, auch die Klappe zur nächsten Einstellung und es war komplett voraussagbar, wie im weiteren Verlauf der Film ablief. Wer, wann und unter welchen Umständen seinen Text hatte, schrie, weinte und immer in der selben Besetzung. Der Freitagmorgenunterricht war bereits gelaufen, Konzentration war nicht möglich. Meine Zeit war knapp für's Finden neuer Strategien und Möglichkeiten, um meiner nahen Zukunft zu entrinnen.

Es gab Fisch. Wie jeden Freitag. „Na ja", werden Sie sagen. Was ist daran so besonders? Besonders war die groteske, rituelle, sich wöchentlich wiederholende Inszenierung, die mich regelmäßig an meine Grenzen trieb.

Lächelnd stellte meine Mutter den „guten Fisch" auf den Tisch, wir saßen zu viert und das Essen begann. Mutter erzählte an Freitagen besonders viel, sie sprach über dies und das, alles wurde rekapituliert, was in der Woche so passiert war, was alles falsch gelaufen war, die Planung des bevorstehenden Wochenendes und so vieles mehr, ohne Punkt und Komma. Eine ganze Weile schon saß ich stumm über meinem Fisch, der mich mit geweiteten, toten Augen anglotzte. Ich wiederum glotzte meinerseits meine Mutter an, während die ersten Wellen der Angst bereits über mich hinweg krochen. „Mama, bitte, pass auf, der Fisch hat so viele Gräten, bitte!" Während ihres Erzählens hatte sie schon dreimal gewürgt, sich beim Lachen einmal verschluckt, das allein störte aber den Fluss ihrer Erzählungen nicht. Der Count-down lief. Angst kroch in höheren Wellen. Die nächste Gräte blieb in ihrem Hals stecken. Sie würgte, die Tränen liefen über ihre Wangen, die Luft wurde knapp. Mein Vater und der Bruder sprangen beide auf, klopften beherzt auf ihrem Rücken herum - heftiges Aufbegehren der knappen Zeit um ihr Überleben. Was für eine Inszenierung! Wie jeden Freitag! Ersticken nach dem Terminkalender.

Ich hatte mich, wie jeden Freitag, hinter dem Vorhang auf's Fensterbrett verkrochen und schrie und weinte verzweifelt in panischer Angst. Durch meinen Tränenschleier hindurch sah ich sie bläulich werden. Beide Männer waren auf's Konzentrierteste um ihr Überleben bemüht. Einer griff in ihren Hals, einer trommelte auf ihrem Rücken, ich saß hinter dem Vorhang. Ganz nach Drehbuch!

Und dann lag die Gräte auf ihrem Teller. Das Übel. Alles vorbei.

Meine Mutter sprach weiter, als wäre nichts geschehen. Ich zog den Vorhang wieder auf und setzte mich zu Tisch. Das Mittagessen nahm seinen Lauf. Die Tränen liefen mir über die Wangen und tropften leise auf meinen kalten, glotzenden Fisch.

Und dann das Finale, die letzte Einstellung: Sie lachten mich aus. Sie schütteten sich aus vor Lachen. Sehr komisch, wirklich sehr komisch, wie ich da so hinter dem Vorhang saß!

Ich hasste den Fisch auf meinem Teller. Ich würde nie wieder Fisch essen. Die Klappe fiel, die Szene war im Kasten - bis zum nächsten Freitag.

Später wurde dann das Fischessen noch auf hohe Kirchenfeiertage erweitert.

Das kleine Mädchen

Warum verfolgst Du mich schon den ganzen Tag?
Du stolperst buchstäblich über meine Beine.
Ich will, dass Du mich aufschreibst!
Ich schreibe:

Da stand ich, 5 Jahre alt, im Wohnzimmer meiner Familie.
Das kleine, zarte Mädchen mit den großen Augen. Ich
weiß nicht mehr genau, ob ich etwas angestellt hatte
oder es nur plante, aber ich weiß noch sehr genau, dass
ich sehr, sehr wütend war. Man hatte mir Unrecht getan,
hatte Dinge behauptet, die nichts mit mir zu tun hatten
und ich hasste mit ganzer, leidenschaftlicher Seele
Ungerechtigkeit. Ich setzte meine Worte ein, diesmal
war ich nicht so sparsam damit. Ich widersprach, ich
widersprach und ich widersprach. Ich wollte und konnte
nicht einsehen, dass meine Eltern Recht hatten, aus
Prinzip und wegen der älteren Rechte. Also widersprach
ich. Ich sprang auf, ballte meine kleinen Fäuste, die
Tränen strömten aus den Augen. Mit den Füßen
aufstampfend, schrie ich ein „Nein". Da drängten mich
beide Eltern nach hinten, in die Ecke hinter den
Zimmerofen. Da, plötzlich, holte meine Mutter aus und
bedachte mich mit ihren schwieligen Händen, immer

wieder. Ich sollte still sein, meine Worte sollten aufhören. Aber sie wollten nicht aufhören, ich konnte nicht still sein. Ich sagte doch die Wahrheit. Aber hier ging es nicht um Wahrheit, hier ging es um Recht. Sie würde es nicht schaffen, sie konnte meine Worte nicht erschlagen. Nachdem ihr die Hände schmerzten, delegierte sie an den Vater. Erschöpft und resigniert wendete sie sich ab.

Ich schaute meinem Vater in die Augen. Trotzig, mit zusammengebissenen Zähnen und geballten Fäusten. So als könnte ich die folgende Szene in ihrem zwingenden Verlauf stoppen. Auch ihm schrie ich mein „Nein" entgegen und wartete angstvoll. Ich glaubte nicht daran, dass er mich schlagen würde, er hatte doch gesagt, ich sei sein Mädchen. Ich krallte mich an seine Augen und hielt seinen Blick ganz fest. Es nützte nichts. Mutter stand in der Tür und beobachtete uns. Film ab! Seine massigen Hände folgten dem Skript, sie prasselten und zischten auf meinen Körper herab. Jetzt schluckte ich alle übrig gebliebenen Worte hinunter und schluchzte alle wortlosen Tränen heraus. Seine Schläge untermalte er immer mit den selben Worten: „Deinen Willen werde ich schon noch brechen"! Immer wieder diesen einen Satz. Brechen, hörte ich. Brechen! Noch während er zuschlug, floh ich aus meinem Körper, schaute von außen die Szene an und horchte auf den Klang der Schläge, die meinen Körper trafen.

Nur ich allein weiß, dass ich nicht brechbar bin. Ich bin aus einem höchst elastischen Material gemacht, das von einer dicken, leuchtenden Faser durchzogen ist. Diese Faser heißt Liebe. Wer will oder kann meine Liebe brechen?

Ich wurde still, beängstigend still. Für ein paar Momente haben sie meine Worte gestoppt. Alles tat weh. Überall auf meiner nackten Haut waren rote Hände gemalt, nicht sehr ordentlich, aber viele, so dass es gleichmäßig weh tat. Die Ufer der Not, die Ufer der Liebe, ich trieb von einer Seite auf die andere. Ich kauerte in einer Ecke und schaute meinem Vater in die Augen, tränenblind und stumm, aber ich ließ seine Augen nicht los. Jetzt bekam er nasse Augen.

In meiner feinnervigen Welt waren kleine Löcher und feine Risse entstanden. Der Sog, der dort entstand, atmete mich ein. In diesem Moment hörte mein Vater auf mein Vater zu sein. Ich entließ ihn aus meiner Seele.

Heute denke ich, er hat diese Schläge meiner Mutter verbucht und sie dafür gehasst. Die Verantwortung für sein Tun hat er sicher nicht bei sich gesucht. Er hat darüber nie mehr auch nur ein Wort verloren, er hoffte auf gnädiges Vergessen.

Die Beliebigkeit eines solchen Geschehens ist erschütternd. Es scheint nicht so sehr einer Absicht zu folgen, sondern eher so zu sein, als gäbe man einem Gedanken nach, als übersähe man eine Grenze. Egal, was wir tun, oder unterlassen zu tun, wo wir hingehen, wie wir handeln, überall lassen wir Worte und Bilder von uns zurück, die wir nicht mehr rückgängig machen können.

Tod, wo ist Dein Stachel?

Dieses in der Kirche oft bemühte Bibelzitat ist im Zusammenhang mit der Auferstehung als Triumph, als Sieg über den Tod zu verstehen. Es galt ihn zu überwinden. Als Kind verstand ich das überhaupt nicht, ich rätselte an diesem Satz herum. Wieso sollte man den Tod zu guter Letzt überwinden? Ich verstand weder den Sieg, noch die immense Freude darüber von Gott persönlich in den Stand der Gnade erhoben worden zu sein, auf die der Tod keinen Zugriff mehr haben sollte. Für mein kindliches Gemüt waren alle Menschen, ich inklusive, im Stand der Gnade. Mit einem Unterschied, dass dies niemand außer mir wahrzuhaben schien. Und hierbei half mir groteskerweise der Tod. Er hatte mich gelehrt mich im Leben zu orientieren, er erklärte mir die Rätsel der Welt, er nahm mir die immense Angst vor den Menschen und dem Leben schlechthin und vor allen Dingen half er mir meine Gabe, hinter all die Dinge und die Menschen zu sehen, anzunehmen. Ich besaß ein schwer zu tragendes Geschenk.

Es gab in meinem Leben keinen einzigen Tag, an dem ich den Tod nicht sah. Wenn ich nachdachte, wenn ich fühlte und wenn ich handelte. Er war mein Zünglein auf der

Waage. Es lebt sich anders, wenn man ihn sieht. Ich hatte nicht die Wahl, konnte meine Gabe nicht ausschalten. Da meine Welt einfach so beschaffen war, wusste ich auch nicht, wie sie „anders" ausgesehen hätte. Anfangs war ich verunsichert und restlos verwirrt und ich lernte langsam und mühevoll damit umzugehen. Meine Eltern erschraken zu Tode, als ich eines Tages laut fragte: „Warum lügt ihr?" Woher ich das wusste? Ich sah die Lüge, ich fühlte die Lüge und ich roch sie. Der Strahlenkranz um einen Menschen herum verfärbt sich. Die Augen und das ganze Gesicht eines Menschen verändern sich. Es ist, als würde sich in meinem Bewusstsein ein rotes Fähnchen heben.

Ich liebte es durch die Straßen der Kleinstadt zu laufen, mich auf Bänke, Mauern und Brunnenränder zu setzen und Menschen anzuschauen. Mehr als das: ich wollte die Menschen verstehen. Das liebte ich. Ich konnte inkognito bleiben, niemand erkannte mich, niemand bestrafte mich. Das heißt nicht, dass ich auch liebte, was ich sah. Ich spreche von den in graue Wolken gehüllten Menschen, denen der Tod auf den Fersen folgte. Sie schauten angestrengt nach vorne, Dingen hinterher jagend, die ihre ganze, ausschließliche Aufmerksamkeit brauchten. Unermüdlich, nicht in ihrer Anstrengung nachlassend, hatten sie keinen Abstand zwischen dem, was sie taten und dem, was sie waren. Und ich sah, hier wohnte die

Angst. Die Angst trieb diese Menschen vor sich her, ein Rennen, ein Hetzen, immer weiter, immer weiter. Unermüdlich beschäftigt, entkamen sie jeden Tag auf's Neue dem lauernden Tod und sicherten sich so ein Stück Unsterblichkeit.

Oft genug saß ich da auf meinen Mäuerchen und weinte. Der Tod lief überall mit. Verlangsamten die Menschen ihr Tempo, wurde auch der Tod langsamer, rannten sie durch die Straßen, nahm auch der Tod Tempo auf. Der Tod war wie ein persönlicher Schatten. Ich sah ihn hinter den Gesichtern lauern, ich sah ihn hinter Grimassen lachen, ich sah ihn rittlings getragen wie eine schwere Bürde. Immer und überall präsent. Jeder Mensch trägt seinen eigenen Tod auf seine Weise durch's Leben.

Die Menschen versuchen ihn zu verbergen und dafür tun sie viel: Sie machen sich dem Leben gegenüber unerschütterlich, sie begrenzen ihre Wahrnehmung, sie meiden extreme Befindlichkeiten, sie nehmen sich keine Zeit für ihn und schauen nicht hin. Sie verbergen ihn vor den anderen Menschen, aber letztlich vor sich selbst. Nach außen aber tragen die meisten etwas, das aussieht, als lebten sie ewig. Auf die Dauer ist das ungesund.

Hier ist Dein Stachel, Gevatter Tod. Erschreckend viele der Menschen schauen Dich nicht an. Sie weichen Dir aus und wählen die Angst. Durch ihr unermüdliches Tun beweisen sie, dass sie am Leben sind, dass Du keine Macht über sie hast. Sie verausgaben sich einseitig, ohne dabei lebendig zu sein, denn Lebendigkeit bedroht.

Noch etwas sehe ich in den Gesichtern: Müdigkeit und Erschöpfung. Dem rastlosen Hinterherjagen nach Unsterblichkeit, nach Fülle, nach Erfüllung und Befriedigung, dem hektischen Erfüllen von Zeitplänen steht das Nachlassen der Kräfte gegenüber. Jedes Innehalten muss so an Sterben erinnern, jede Stille öffnet einen inneren Abgrund. Wohin sind sie gekommen, die Freuden, die Träume und die Fragen?

Gelegentlich aber, zu meiner besonderen Freude, sehe ich auch neugierige, fragende, liebevolle und frohe Gesichter. Als Kind bin ich diesen Menschen manchmal hinterher gelaufen um zu testen, ob Freude oder Liebe an einem Menschen anders riechen. Manchmal habe ich auch jemanden am Ärmel gezupft und gefragt.

Mein Großvater

Als Kind wusste ich nicht viel über meinen Großvater.
Aber ich war stolz sagen zu können: „Ich habe einen
Großvater". So als wäre das nicht selbstverständlich, so,
als würde mir erst die Erwähnung seines Namens einen
Platz zuweisen. Aber von den wenigen Malen, die wir uns
begegnet sind, gibt es viele Bilder, viele Erinnerungen.
Ich liebte ihn, von weitem. Unerreichbar sein Herz,
quälend meine Sehnsucht. Ein Mal im Jahr reisten meine
Eltern mit uns Kindern an, eine mühsame Fahrt im Zug,
immer ein paar Mal umsteigen. Unwillige Elterngesichter,
die Verhaltenspläne schmiedeten und uns Kinder darauf
einschworen. Meine kindliche Vorfreude konnte wenig
damit anfangen. Endlich waren wir da.

Die Tür wurde geöffnet. Ich rannte in seine ungeöffneten
Arme, die mich nicht haben wollten und umfasste ihn
meinerseits mit meinen kurzen Armen. Aber meine Augen
prallten an den seinen ab und sein Herz blieb stumm.
Ich schluckte heftig gegen die ansteigenden Tränen.
Dann saßen wir um den Küchentisch. Ich plapperte
darauf los, erzählte Großvater mein kindliches Allerlei,
während die Großmutter Kuchen und Kaffee auftischte.
Freundliche Gleichgültigkeit trieb mir die Tränen in die

Augen. Ich verstand sein Verhalten nicht. Er fuchtelte, ruderte mit seinen Armen, als wollte er lästige Fliegen verscheuchen. All meine Versuche, meine Freude reichten nicht aus für eine einzige Berührung. Wo bist du nur, Großvater?

Er deutete mit den Händen hinaus in den Garten. Ich sah sie, seine Hühner. Was wollte er uns sagen? Wir sollten hinausgehen, mein Bruder und ich, er wollte mit den Eltern alleine sein. Widerspenstig gehorchte ich. Von außen aber drückte ich die Nase an das Küchenfenster, sah meinen Vater mit hochrotem Kopf, Großvater das Gesicht in den Händen. Meine Mutter zwischen den Männern. Schorfiges Schweigen. Schale, freudlose Luft. Greifbare Not. Die Hühner überließ ich meinem Bruder. Mit bleischwerem Herzen rannte ich zu meinem Großvater, löste seine knotigen Hände vom Gesicht und streichelte seine Tränen weg.

Jetzt würde ich nicht mehr hinausgehen. Ich mischte mich ein und hinterging damit die Eltern. Ein riskantes Spiel, die Strafe dafür würde ich wegstecken müssen. Es war mir einerlei. Ich wollte ihn nicht mehr allein lassen, setzte mich ihm gegenüber. Seine Not schrie, war für mich körperlich spürbar. Am Tisch wurde gestritten, laute Worte flogen mir um die Ohren. Es ging um Vorwurf und Schuld, die nicht eingestanden und verziehen werden konnten. Es ging um klärende Gespräche, vielleicht um den letzten Versuch eines Gespräches, das schon über so viele Jahre nicht stattfand. Es ging auf der einen wie auch der anderen Seite nur darum im Recht zu sein. Ich verstand nicht genau, was da eigentlich geschah. Wie konnte ich denn nur helfen? Ich war doch noch so jung. Und trotzdem wollte ich ihm sagen: „Opa, halt dich an mir fest, ich bin stark!"

„Warum nicht?, schien er zu denken. Nach einer Weile hob er seinen Kopf und versenkte seine Augen in den meinen. Er schaute mich still an, so als würde er mich zum ersten Mal wirklich sehen. Gesprochen wurde jetzt nicht mehr, kein einziges Wort. Seine Augen schickten Bilder, farbenfrohe und unendliche traurige, schmerzhafte und lebenslustige. Ich bot ihm eine Projektionsfläche, auf der sein Lebensfilm spielen konnte.

Sehr eindrucksvolle Bilder, die all meine Kraft kosteten: eingewirkte Schmerzfäden hingen in einer Landschaft mit verhängter Sonne und schiefem Lachen. Zwei Weltkriege haben dein Lachen verkauft und einen Schrei in die Welt geboren. Bomben haben breite Schluchten, Senken und Gräben aufgerissen, Granaten haben Wunden in deine Seele gebrannt, wo all die stummen Schreie hineingefallen sind. Deine Tränen sind stumm geblieben. Im diffusen Licht der ungezählten Tage bliebst du allein zurück.

Großvater, ich kann nicht für dich schreien! Aber ich kann ihn hören, Deinen Schmerz. Soviel Schmerz, soviel Trauer.

Du hast soviel erlebt und bist dem schutzlos ausgeliefert geblieben. Du ziehst dein Leben in einer breiten Spur hinter dir her, wie ein Schatten, der dich überallhin begleitet. Du irrst umher, bist verloren und überfordert von all den aufbrechenden Tiefen deiner Seele. Aber jetzt schaust du über den Rand, beugst dich darüber und lässt dich fallen. Ein stummes Fallen. Deine Augen wollen brechen. Aber nein! Noch kann ich Deine Augen halten. Mach sie weit auf, schau Dir das Elend und die Not an, nimm sie an und verwandle sie in Licht!

Nein, es ist zu spät, Deine Kraft reicht nicht aus. Und dann erkenne ich, wohin Dein Augenmerk geht. Es wendet sich der Liebe zu. Verkapselungen springen mit lautem Knall auf, wie Champagnerkorken lösen sich die verklebten Funken. Ein Feuerwerk bunter Freuden und Momente des Glücks.

All das nahm ich in mir auf, ich tauchte in seine Bilder ein. Ein Transfer, vielleicht eine Transfusion. Ich lief die Spuren, die er zeichnete, entlang. Plötzlich wurde mir klar, was er tat. Er suchte einen Erben der anderen Art, einen, der sein Leben sah, verstand und das, was er zu geben hatte und das, woran er litt, weiter trug. Er hatte keine Zeit mehr. Mein Großvater nahm Abschied. Ein kostbarer Moment. Er wußte, er würde sterben und ich erfuhr es als Erste. Ich fühlte mich der Zeit enthoben. Alles veränderte sich vor meinen Augen.

Er schien auf eine Antwort zu warten, seine Hand streckte sich nach der meinen. Ja, Großvater, ich nehme Dich zu mir, ich werde Deine Not erlösen und Dein Leben würdigen. Weil mein Vater es nicht konnte oder wollte, hast Du eine Generation übersprungen. Ja, ich nehme Dein Erbe an!

Dann, abrupt, hielt die Welt den Atem an, der Zauber war gebrochen, die wortlose Übertragung beendet. Ich stand auf und lief in seine Arme.

Über den weiteren Verlauf des Tages habe ich nicht mehr viele Erinnerungen. Bedeutungslos fiel er in sich zusammen. Die Eltern saßen starr und wortlos dieses Treffen aus. Der Vater wütend, mit blitzenden Augen in meine Richtung, die Mutter suchte fragend meine Augen. Sie verstanden nicht, genau so wenig wie ich, was sich gerade eben vor ihren Augen abgespielt hatte. Es gab nichts mehr zu sagen. Auch Großvater sagte kein Wort mehr.

Kaum waren wir aus der Tür, verpasste mir mein Vater ebenso wortlos eine schallende Ohrfeige. Sie brannte, sonst fiel sie mir weiter nicht auf. Die ganze Heimfahrt über schlief ich im Zug, weil ich plötzlich Fieber bekam.

Einige Zeit später erhielten wir ein Telegramm. „Vater gestorben. Stop. Beerdigung am… Stop." Mein Herz schlug in den Augen, ich grub mein Gesicht ins Kissen und beweinte meinen Großvater. Ihm fühlte ich mich nah. Und ich war unendlich dankbar für diesen Abschied. Jetzt lag er aufgebahrt in einer kargen Kammer und schwieg für immer. Ich stand an seinem Sarg, keinen Moment mehr allein mit ihm. Aber ich hatte das Gefühl, er lächelte mich an. Unter meinem Tränenschleier lächelte ich zurück.

Leben und Sterben

Wie ein Bestatter sich um das letzte make-up, um das letzte Geleit, den würdevollen Abschied kümmert, so richtet sich mein Augenmerk auf die gemeinsamen, liebevoll geteilten Erinnerungen. „Ich bleibe dir treu bis in den Tod", beinhaltet die Erinnerung an die Liebe. Und nur dort, wo die Liebe wohnt, kann man treu bleiben. Sich um die Sterbenden zu kümmern, stellt den eigenen Schmerz in den Hintergrund, für eine Weile, und schafft Platz für den Abschied.

Der Zeuge, nüchtern in seiner stillen Präsenz, legt Zeugnis ab vom Leben, teilt ein letztes Mal die Erinnerung und befriedet sie. Dann kann die Seele ziehen. Es ist groß, das für einen Menschen zu tun.

Der Tod impft das Leben. Was bedeutet Leben im Angesicht spurloser Vergänglichkeit? Welches Leben verspricht Trost vor der Angst? Wie wollen wir es gestalten? Mit wem wollen wir darüber sprechen? Welche Spur will ich hinterlassen? Wie will ich, dass man sich meiner erinnert?

Wenn wir ihn sehen wollen, ist der Tod überall. Mitten im Leben. Ganz real. Genauso wie Leben. Die meisten Menschen verstecken sich in oder hinter ihrem Leben, blenden das Ende aus und halten sich fest. An was auch immer. Vermeiden die Ohnmacht, die Angst und die Demut. Und fallen dennoch, in einem unbedachten Moment mitten hinein in die Angst. Die Stoffsammlung für das Sterben kommt aus dem Leben. Nach dem Motto: Zeig mir wie dein Leben war und ich zeige dir, wie Dein Tod sein wird. Oder: Zeig mir wie dein Sterben ist und ich sage Dir, wie Dein Leben war. Wie muss das Leben sein, um einem würdevollen Tod Platz zu machen.

Rilke schrieb im Stundenbuch über den Tod in den Hospitälern: „Dort ist der Tod. Nicht jener, dessen Grüße sie in der Kindheit wundersam gestreift, - der kleine Tod, wie man ihn dort begreift; ihr eigener hängt grün und ohne Süße wie eine Frucht in ihnen, die nicht reift."

Also schauen wir uns ein wenig unter den Lebenden um. Wenn wir mit Menschen zu tun haben, stoßen wir unentwegt an Grenzen. Grenzen, die gezogen werden wie Zäune, solche, die mit dicken Steinen gemauert sind und kein bisschen Licht durchlassen, grüne, offene Grenzen, die einen unsichtbaren Strich gezogen haben, luftige Stacheldrahtnester, trennende Zwischenböden. Alle sperren ein und grenzen aus, gleichzeitig. Allesamt sind es Grenzen der Liebe. Damit haben wir es zu tun. Jede zwischenmenschliche Begegnung findet nur innerhalb der Grenzziehung statt, und keinen Millimeter darüber hinaus. Wie soll da überhaupt Begegnung oder gar Beziehung stattfinden. Worauf bezieht man sich? Vielleicht nur auf das, was die eigenen Lebensgrenzen bestätigt. Auf die gemeinsamen Schnittmengen. Weiter reicht der Blick nicht. Alles andere bedroht das gehegte Selbstverständnis, die Gewohnheit und den Glauben. Nur nicht daran rühren, keine weiteren Fragen, bitte!

Wie oft stehe ich fassungslos, ja, sprachlos vor anderen Leben und anderen Wirklichkeiten und weiß nicht weiter. Ohne Zugangscode. Es scheint zufällig, ob und wann sich Menschen begegnen können, ob, wie und wann sie einander erreichen. Das Leben scheint ihnen zu widerfahren, ohne eigenes Zutun, jeder auf seinem Platz, wie in Trance werden sie von unsichtbaren Händen durch's Leben, durch Orte und an Menschen vorbei geschoben, gottergeben und schicksalhaft.

Auch hier bleibe ich Zeuge, still und leise.

Der Traum

Jeder Mensch wird von einem Traum geträumt. Sobald
wir ihn gesehen und erkannt haben, müssen wir ihm
folgen. Wir haben nicht die Wahl. Das ist der rote Faden,
der sich mitten durch unser Menschsein zieht. „I have a
dream", sagte Martin Luther King und starb mit oder für
ihn. Aber die Qualität eines solchen Traumes berührt
nicht nur das Sterben, sondern ebenso das Leben. Denn
er bewegt und verändert die Herzen, er setzt den Spagat
zwischen den Extremen und verbindet sie. Dieser Traum
ist groß und spendet die Vision. Er erzählt, wie dieser
Mensch gedacht und wofür er gemacht ist. Hingabe und
Demut sind gefragt. Kein einfaches Unterfangen, werden
Sie sagen, denn der Preis ist hoch. Es kostet alle Kraft.
Und doch, ist es ganz einfach. Man kann vertrauensvoll
einsteigen in den Paternoster und sich bewegen lassen.

Daneben gibt es unzählige Ersatzträume, die sich machtvoll
im Leben installieren, denen wir hinterher jagen, in der
Hoffnung auf.... Ja, auf was eigentlich? Auf ein Lachen, auf
Freude und Lust, auf ein Vergnügen, auf eine Liebe, ein
Gespräch. Wir rennen durch die Straßen, hecheln durch's
Leben, mit einem großen Schmetterlingsnetz bewaffnet
und fangen bunte Träume ein. Nach vollbrachter Jagd

trifft man sich auf einen Espresso und begutachtet die Beute. Die Träume werden wortreich verglichen und bewertet. Es gibt sogar Tauschbörsen und Märkte, wo man sie teuer erstehen oder verkaufen kann. Manche haben ein Rückgaberecht, manche werden fraglos verschenkt oder verkauft, manche werden vererbt oder hinterlassen. Wie entsorgt man im Übermaß gehortete Träume?

Ganz heimtückisch nenne ich Träume, die anderen Menschen ohne ihr Wissen ins Schleppnetz gewirkt werden. Das zum Thema Entsorgung. Auch die Verantwortung wird hierbei delegiert. Es gibt genügend Menschen, die ihre Mitmenschen brauchen, um ihre eigenen Träume zu verwirklichen. Man bedient sich selbstverständlich ihrer Kraft. Eigentlich unzulässig, aber gewohnheitsmäßig praktiziert.

Sollen wir die Frage nach dem eigenen Traum riskieren? Wollen wir es wirklich wissen? Ein „Ja" bringt Unsicherheit und Angst mit sich, während ein sattes „Nein" Schonung verspricht. Was nur ist zu tun? Eine Entscheidung treffen? Eine Lebensentscheidung, die alle Kraft kosten kann? Vielleicht doch erst einmal einen Versuch, eine Probepackung, ein Muster oder ein Testgedanke? Heißt das Spiel wirklich „Alles oder Nichts"? Unter Einsatz meines Lebens? Das hieße doch nicht verhandelbare Verbindlichkeit.

Die Frage heißt: In welchen Dienst will ich mich und mein Leben stellen? Welcher Traum hat mich so ergriffen, dass ich alles für ihn gebe? Eine Frage, die jeder für sich beantworten muss.

Meinen Traum kenne ich. Ich beobachte schon so lange, wie er mich träumt. Es ist der Traum von einem angstfreien Leben. Angst zu überwinden ist für mich eine der wichtigsten Aufgaben im Leben. Frei von Angst zu sein, das ist ein großer Traum. Nicht dass Sie meinen, ich spreche allein für mein ganz persönliches Leben - nein, dieser Traum ist größer und beinhaltet mehr, als auf den ersten Blick zu erkennen ist.

Angst ist das Feuer, das all die persönlichen, politischen, wirtschaftlichen und menschlichen Krisen auf der ganzen Welt schürt. Die großen und kleinen Köpfe der Weltgeschichte und der Politik haben Angst. Alle haben Angst! Angst ist die Basis für Hass, Wahnsinn und Rücksichtslosigkeit, für Leid, Not und Elend. Angst fördert Lärm und laute Worte, vielleicht weil die Angst damit weniger spürbar ist. Angst ist eine der gefährlichsten und beengendsten Kräfte im Leben. Man kann ihr überall begegnen. Es gibt keine Chance auf ein Leben in Frieden und Liebe, für ein qualitativ schönes Leben miteinander, menschlich, vertrauensvoll und froh, solange es uns nicht gelingt, die Angst in unserem Leben zu entmachten. Die Angst vor dem Anderen, dem Unverständlichen, dem Fremden, vor Leid und Tod.

Mein Traum reicht so weit, das Chaos auf der Welt beseitigen zu wollen. Allein der Wille zählt. Meine Kraft reicht soweit, wie sie reicht.

Ich habe mit meinem Werk schon vor langer Zeit begonnen. Ich wirke im Kleinen. Ich räume unentwegt Scherben weg, kehre verwahrloste Räume und Ecken, helfe beim Denken, beim Lachen, beim Weinen, spende Trost, heile Seelen und helfe all denen, die sich besser wähnen als ihre Mitmenschen.

Chacun pour soi - Jeder für sich

Zahllose, kleine und kleinste Teilchen unzähliger Menschenleben durchqueren in chaotischen Wirbeln den unendlichen Äther, auf der Suche nach ihrem angestammten Platz. Und wenn sie ihn nicht finden, versickern sie im sandigen Weltengetriebe.

Ist denn nicht jeder damit beschäftigt sein eigenes Leben zu entwerfen, seine eigene Landkarte zu erfinden, Orientierung in das eigene Chaos zu bringen, Städte, Dörfer und Plätze zu benennen, Straßenschilder zu pflanzen, Routen der Erinnerung anzulegen und unentwegt die Geschichten, die so ein Leben bereithält, zu erzählen und zu archivieren. Nicht nur anderen Menschen werden sie erzählt, auch im eigenen Kopf werden sie beständig bewegt und bestätigt. Man erzählt sie sich selber. So werden Spuren gelegt, um die unendlich vielen Momente, Gesichter, Worte, Bilder, Gesten, Meinungen, Freuden und Schmerzen zu erinnern. Das ist ein gewaltiger Kraftakt.

Man muss sich das vorstellen! Der menschliche Geist hält sich ständig beschäftigt. Er betrachtet und bewertet das Leben. Er sondert zu jedem Zeitpunkt, rund um die Uhr,

Kommentare ab, Wertungen, Deutungen oder Analysen.
Wir sind diesem unermüdlichen Geist ausgeliefert,
unterliegen seinem Diktat. Er hält das Leben und die Welt
in Bewegung. Dass es bisweilen auch ein Leben ohne ihn
gibt, ziehen wir kaum oder nicht in Betracht. Viele wissen
das gar nicht.

Unser Leben ist vernetzt, hängt im Netz. Verfügbar,
abrufbar. Wer interessiert sich dafür? So viele Leben
hängen im Netz. Loggt man sich ein, kann man das große
Raunen der unzähligen Stimmen hören: Höre mich, sehe
mich, like mich, erkenne mich, frage mich, liebe mich,
brauche mich, freue Dich über mich! Unüberhörbar
fordert das alle Aufmerksamkeit. Ein Raunen, das zum
Getöse und zum Lärm wird. Irgendwann spuckt uns das
System wieder aus und lässt so viele Menschen hungriger
und bedürftiger zurück, als sie es vorher waren.

Wer wollte all die Menschen, all die Leben im Netz
abrufen, wer sich um sie kümmern, wer sich für sie
interessieren? Es gibt keinen Bedarf und auch keine
Garantie dafür.

Was bleibt ist die Hoffnung. Irgendwann und irgendwie
wird vielleicht irgendwer aufmerksam. Deshalb versuchen
wir unablässig unsere Geistesblitze, Geschichten, und
Gedanken, die Freuden und Gefühle, die allesamt

verwaist auf ihren Einsatz warten, an größere Gedanken, Gefühle und Netze anzubinden, anzupassen, einzufügen, um nicht vereinsamt abzusterben. Viele Samen machen eher eine Wurzel. Viele likes eher einen hype. Unter dem Stichwort „Hoffnung" nachzulesen.

Was würde passieren, wenn wir nachlässig würden in der Verwaltung des Archivs? Wir würden unsere eigenen Worte, die Geschichten, die Pläne, die Hoffnungen und Ängste vergessen, wir würden den Einsatz von Stimme, von Tränen, von Lachen und Freude verpassen. Die Souffleuse ist mit sich selbst beschäftigt oder gerade im Urlaub. Wir würden unseren Namen vergessen, unsere Aufgabe, unseren Sinn. Wir könnten nicht mehr sagen, wer „Ich" ist.

Aber vielleicht würden wir dann ganz unsanft über einen Baumstrunk stolpern und plötzlich, ganz unvermutet, den in samtweichen Flöckchen vom Himmel fallenden Schnee sehen. „Jetzt" ist ein Gedanke, der kein Archiv braucht und der jede Menge Türen offen lässt, um in jedem Moment neu einem anderen Menschen zu begegnen.

Mitleid

KIND: Was ist Mitleid?

GEVATTER: Mitleid unterliegt keinen Regeln. Mitleid ist etwas, das jeder Mensch in sich finden kann, wenn er sich mit Leben und Sterben beschäftigt und sich in andere Menschen einfühlen kann. Das Wort aber ist irreführend. Mitleid bedeutet nicht mit einem Menschen „mitzuleiden". Es bedeutet vielmehr „Beistand". Ich stehe jemandem in seinem Schmerz bei, habe Anteil daran, bin Zeuge seines Leidens, würdige ihn - dennoch bin ich nicht mit dem Schmerz identifiziert. Es ist nicht meiner. Wollte ich seinen Schmerz teilen, oder ihn tragen, wäre das anmaßend.

KIND: Das Leid anderer Menschen greift so stark nach mir. Ich bin schnell dabei mich im Helfen zu verausgaben. Ich weiß nicht, wie ich damit umgehen soll?

GEVATTER: Es hilft einem Leidenden nicht, wenn Du emotional so beteiligt bist, dass Du mitweinst oder mitleidest. Du musst schauen, was hilft. Es hilft, wenn Du mit offenem Herzen auf die Menschen zugehst und eine Hand reichst. Sich zu öffnen bedeutet mit den inneren

Augen, mit dem Herzen zu schauen, mit geschärften Ohren wahrzunehmen und mit weicher Aufmerksamkeit präsent zu sein. Du leihst dem Leidenden die ganze Aufmerksamkeit. Mehr kannst und darfst Du nicht tun. Damit ist ihm geholfen, weil es ihn würdigt, klar und respektvoll. Damit nimmst Du den Leidenden in seiner Beseeltheit ein Stückchen in Dir auf und räumst ihm einen Platz ein.

KIND: Es ist nicht leicht, den respektvollen Abstand zu wahren!

GEVATTER: Nein, am Anfang zieht es den Helfenden entweder in die eine oder in die andere Richtung. Mit etwas Übung jedoch lässt sich dieser Zwischenraum immer leichter finden.

KIND: Ich habe einem Mann beim Sterben zugeschaut. Er löste sich vor meinen Augen langsam in seine einzelnen Bestandteile auf. In den letzten Wochen zersetzte sich - bei vollem Bewusstsein - seine Speiseröhre. Er verbrachte seine Tage damit, im Sitzen die kleisterdicken Schleimfäden, die nicht mehr zu schlucken waren, auf Papierrollen aufzuwickeln. Stunde um Stunde, tagelang. Ich habe dabeigesessen, es war nichts weiter zu tun. Ich habe geweint, während er ganz konzentriert und still seiner Beschäftigung nachging. Mein Weinen hat ihm nicht geholfen. Nach ein paar Tagen bin ich dann still geworden. Nach ein paar weiteren Tagen habe ich ihn mit alltäglichen Geschichten unterhalten oder ihm vorgelesen. Da hat er sogar manchmal gelächelt.

GEVATTER: Damit hast Du den Zwischenraum gefunden, der ihn noch berühren konnte. Er konnte nicht mehr sprechen, nicht mehr schauen - also hast Du seine Ohren genährt. Das war respekt- und liebevoll. Das wichtigste ist die Präsenz, Du bist da, Du meinst ihn und er fühlt sich gemeint und kann sich da hinein fallenlassen. Ihr hattet so einen Austausch, Du bist ihm beigestanden und Du bewahrst die Bilder in Dir, die er Dir hinterlassen hat. Damit ist sein Leben rund geworden. Und Deines reicher.

KIND: Ja, ich denke, ich habe es gut gemacht. Das macht mich froh.

Das Netz

Ein feinadriges Netz umspannt meine Welt. Filigran, aus
haarfeinen Silberfäden gewirkt, seidig schimmernd und
dennoch elastisch. Dieses Netz ist für mich lebenswichtig,
tanzend und mühelos gleicht es alle Bewegungen der
Seele, des Geistes und des Körpers aus. Mein erster Blick
des Tages gilt ihm und auch mein letzter, es schenkt
immer wieder aufs Neue Gleichgewicht und
Seelenfrieden. Ich wäre verloren, könnte ich es nicht
sehen, denn alles, was mir widerfährt, verfängt sich
darin. Manchmal setzen sich grobe Worte, ein kleines
höhnisches Lachen, geringschätzige Augen oder
schmerzhafte Gleichgültigkeit darin fest. Dann habe
ich zu tun, kämpfe einen einsamen Kampf, lasse mich
ins Netz fallen. Flicke Löcher, glätte kleine Risse, löse
die Knoten oder ersetze verlorengegangene Teile und
gekappte Schnüre. Kippe meine Augen nach innen, setze
mich auf das Zünglein der Waage und sichte die Lage.
Solange bis die Wellen verebben. Ein paar Tränen
vielleicht, ein großer oder ein kleiner Schmerz. Die Welt
ist nicht geruht. Ziehe mit einem großen Korb los und
sammle das angelaufene Treibgut kleiner Seelenstücke
aus dem Netz.

Manchmal jedoch perlt Glück die Netzfäden entlang, von Faden zu Faden zitternd, hell und durchscheinend, federt Dunkles ab, zeugt im Vorübereilen neue Fäden, öffnet Zeitfenster wie Augenschlitze. Dann treibe ich zwischen Himmel und Erde, gleite dahin, sorglos und frei, wie ein Fallschirmspringer ohne Schirm, der sich an ein Unten nicht erinnert. Nichts bremst mich ein, kann mich frei bewegen, bin zuhause.

Jeder Mensch hat ein eigenes Netz, eine eigene Welt. Wie viele nehmen es wahr? Wie viele verheddern sich ineinander, kommen nicht mehr voneinander los, auf Gedeih und Verderb miteinander verflochten. Und merken nicht wie sehr sie leiden. Manchmal braucht es einen glatten Schnitt, bis sich die Netze lösen und wieder auseinander treiben. Narben bilden sich dort, wo Erinnerungen nicht heilen, helfen oder nähren. Treiben sie dann erneut im Wind, wachsen neue Fäden ins Netz für einen Neubeginn.

Ich liebe dieses Netz, denn es macht ein Leben als Monade möglich. Es gibt Andockstellen, die sich freiwillig für andere Monaden öffnen und so manchmal lebenslange Gemeinschaften bilden. Aber das ist nicht die Regel.

Ich habe zu viele blind verklebte, ineinander verschmolzene Netze gefunden, die heillos verbraucht und irreparabel sind. Menschen, die sich verlieren in fremden Netzen und es dennoch für ihr eigenes halten. Menschen, die den Schmutz und die Not anderer übernehmen. Seelen, die herumirren, durch die verkrusteten, brüchigen Risse und Löcher des Netzes schlüpfen und den Rückweg nicht finden. Seelen, für die bestenfalls soziale Auffangbecken bereitgestellt werden, Seelen, die immer in Poolnähe bleiben müssen. Die Geschmeidigkeit, die Leichtigkeit, die Elastizität eines freien Netzes werden in die Sehnsucht verschoben, sind einer nach und nach welkenden Hoffnung gewichen, bis Freiheit nur noch ein lebloses Wort ist.

Einsam zitternde Netzfäden, die sich wie Tentakel strecken, hungrig und bettelnd ins Leere greifen und sich dann wieder traurig zurückziehen. Ist das alles gewesen? Etwas, irgend etwas, das ein bisschen Glück verspricht. Wo muss man suchen, wo kann man finden? Sie fügen sich in ein vermeintliches Schicksal, kämpfen dagegen an oder suchen einen Schuldigen.

Verlassene Körper, die ferngesteuert Platz beanspruchen und sich ungeniert mästen an der Zeit anderer Menschen. Schreiende Einsamkeiten, die gleichgültig ihre Fangarme auswerfen, andere Seelen fangen und in ihre Netze knüpfen, Einladungen zur Vernetzung aussprechen, aus der Not geborene Gemeinschaften, die nichts mehr fürchten als die Einsamkeit, nichts mehr wünschen als ein wenig

Sicherheit. Das bisschen Glück, das sie finden, verstecken, absichern und festhalten. Man nimmt das Glück in die Hände und versichert es hoch, die Angst vermeidend.

Dem großen Netz, das uns allen gemein ist, vertrauen wir nicht mehr. Wir vermieten oder verkaufen es, alles hat einen Preis. Jemand soll es für uns verwalten, pflegen, unterhalten und letztlich verantworten. Ohne gründliche Absicherung lassen wir uns nicht mehr ins Netz fallen, wir wollen keine Angst haben und vermeiden die entstehende Willkür. Wir bezahlen einen hohen Preis für diese Abtretungserklärung. Haben wir damit unser Glück in Sicherheit gebracht, Alleinnutzungsrechte erwirkt oder Angst vermieden?

Ich, für meinen Teil, weiß, dass es keine Sicherheit gibt. Sicherheit ist ein Traumgespinst, ein schützender Puffer vor der Nacktheit der Seele. Der Traum von Sicherheit spielt mit der Verletzbarkeit, der Brüchigkeit des Allzumenschlichen und mit der Angst vor dem immer währenden, haltlosen Fallen. Weiter reicht sein Arm nicht.

Noch ein Tod

Der Tod kommt immer überraschend. Auch wenn man weiß, dass ihm eine lange Krankheit vorausgegangen ist. Der Moment des Todes ist unerwartet. Wie oft habe ich gehört: „Das ist jetzt aber plötzlich gegangen". Erschütterung und Schock im Gefolge. Wir haben keinen Vergleich, wir können keine entsprechende Erinnerung abrufen, wir sind allein in der Begegnung mit ihm. Diesmal hat er uns nur gestreift, wir haben seinen Atem gespürt, sind noch einmal davongekommen.

Mein Vater starb, als der Hochsommer sich aufbäumte und uns in extremen Hitzegraden schwitzen ließ. Es war der heißeste Tag des Jahres, mitten im August. Die Nacht zuvor hatte ich in meiner Wohnung in München einen Traum. Es war kein Traum, den ich geträumt habe, dieser Traum träumte mich. Er zeigte mir, dass mein Vater sterben würde, wie und wann er sterben würde und regelte gleichermaßen alle Befindlichkeiten. Ich wachte auf, sagte meiner Familie Bescheid, erzählte und informierte sie darüber, dass es nächste Nacht soweit sein würde. Im Traum hatte er mir das Versprechen abgenommen heute noch zu kommen. Also packte ich meine Sachen ins Auto und fuhr los.

Dann war ich da. Unter großer Kraftanstrengung sagte er: "Du hast mich gehört, da bist du ja endlich". Kaum saß ich an seinem Bett, seine Hände in den meinen, entspannte sich etwas in ihm. Als könnten die inneren Federn die Spannung nicht mehr halten, gab etwas in ihm nach und ließ los. Ich begab mich in eine Sterbetrance, klinkte mich in seine Wahrnehmung ein und spürte seine Seele auf. In diesem Augenblick wurde die Welt durchsichtig, wie aus Glas. Wach- und Traumzustand vermischten sich. Sein Fallen war für mich spürbar und sichtbar, es hatte etwas Heiliges, Wunderschönes. Ich hielt seine Hände, hielt seine Augen. Er konnte nicht mehr sprechen, aber die Augen hielten. Über die Augen konnte ich ihn erreichen. Ein Miteinander ohne Worte, ein heiliges gegenseitiges Erkennen. Einander erkennen, ein Zeugnis des Geistes. Mehr an Berührung, an Begegnung ist nicht möglich. Eine Kommunikation der Herzen, in der nichts ungesagt, nichts ausgespart geblieben ist. Das schönste an meinem Vater waren seine Augen: ein lichtes, durchsichtiges Hellblau, das bis auf den Seelengrund schauen ließ. Er ließ mich schauen. Wie ist so etwas möglich? Es ist! Schon in diesem Moment spürte ich Dankbarkeit, Freude und eine immense Liebe für diese offene Weite. Ich war Zeuge, ich würdigte sein Bemühen, sein Tun und letztlich sein Leben.

Unser Verhältnis war zeitlebens schwierig. Wir bekämpften und missbilligten uns zutiefst. Dabei bekämpfte ich nicht eigentlich ihn, sondern kämpfte um ihn, um das, was er eigentlich hätte sein können und sollen. Er hatte sich im Krieg verloren und kam leer, ausgehöhlt und ohne jede Hoffnung zu den Seinen zurück. Eine Hülle, die verzweifelt darum rang, zu leben. Nein, er kam nicht wirklich zurück, er war ein Verlorener. Mit seinem Sterben wurde auch das gewürdigt. Ja, so war es, so ist es. Allein, das zählt, wenngleich der kindliche Schmerz und das Hadern mit dem ungewollten Los und der vaterlosen Seele verhindern will, was nicht zu verhindern ist. Er hat seinen Part in diesem großen Rollenstück gehabt, er hat gewählt oder auch nicht gewählt, sich entschieden, hat es nicht angenommen, hat sich letztlich in seinem eigenen Schicksal verfangen. All das hat angesichts seiner Verwandlung keine Bedeutung mehr. Alles wird zum Bild. Ein Bild, wie jedes andere Bild, Lebensbilder und Todesbilder. Mein Zeuge-Sein schuf einen Hintergrund, auf dem die Bilder sichtbar wurden und verhinderte so das ungesehene Sterben der Bilder.

Was bleibt? Das Geteilthaben, die Würdigung und der Segen auf all dem.

Die engste Familie, die Mutter, der Bruder und ich saßen an seinem Sterbelager - keine Frage, wer wo saß. Meine Mutter saß zu seinen Füßen, Sterbegebete psalmodierend und nervlich völlig am Ende. Der Bruder saß neben der

Mutter, mit wirrem Blick und schockgerührt, ich schließlich saß zu seiner Rechten, hielt seine Hände und saß damit auch zur rechten Seite des Todes, der an seinem Kopfende ruhig stand und uns abwartend betrachtete. Ich sah ihn an und sagte wortlos: „Lass uns noch ein bisschen Zeit", er nickte und lächelte mild.

Meines Vaters Hände waren eiskalt, sie klammerten sich an die meinen, sein Gesicht bestand nur noch aus den großen, blauen Augen. Mit den Augen sprach er zu mir. Gelegentlich stellte ich ihm eine Frage, auf die er nicken oder seinen Kopf seitlich bewegen konnte. Ich suchte ihn zu beruhigen und beschrieb ihm den Weg auf der anderen Seite. Er sagte nichts mehr und starb in meine Augen hinein. Seine Augen blieben offen, aber seine Lebensflamme tauchte in einen inneren Sog ab. In diesem Moment hob Gevatter Tod seinen rechten Arm, oder was man dafür halten konnte. Er nahm ihn mit sich. Der Tod nahm nicht nur meinen Vater mit, er holte auch wortlos den Sommer ab. Ich sah für Momente einen Spalt, einen Bruch in der Realität, der sich erst allmählich mit einem neuen Bild schloss.

Ich hatte meinem Vater versprochen ihn ein Stück des Weges auf der anderen Seite zu begleiten - und ich hielt Wort. Aber was lässt sich darüber sagen, ohne sonderbar oder unglaubwürdig zu wirken?

Verlorene Jahre

Wir schreiben das Jahr 1950. Endlich hat der Krieg
dich ausgespuckt. Jahre voller Kämpfe, Jahre der
Gefangenschaft, im Wartesaal der Zeit. Jahre, in
denen du, in Ohnmacht gebunden und wartend, die
Tage überlebt hast. Ja, du bist zurückgekommen, aber
es war zu spät. Der Puls des Lebens hat dich übersehen.
Niemand, der auf dich wartete, niemand, der dich wollte,
mutterlos und mutlos. Ohne Richtung und ohne Ziel. Dein
geschundener Körper verbarg die Splitter, die
Einschusslöcher auf der Haut waren gleichmäßig verteilt.
Dein Körper kam nach all den Jahren Krieg zurück, als
einer der letzten Überlebenden. Aber deine Seele hast
du in Stalingrad und Sibirien gelassen. Ich weiß nicht,
ob du dich jemals an sie erinnert oder versucht hast sie
zu finden und zurückzubringen. Du hast dich ins Leben
zurückverirrt im Gleichschritt mit dem Tod. Deine Kraft
war erloschen, dein Herz gebrochen und dein Geist trübe.

Zwölf verlorene Jahre älter kamst du zurück, um mir das
Leben zu schenken. Und damit wurde ich Teil des deinen.
Ich bin dir dankbar für dieses Geschenk, obwohl dein
bitterer Neid und deine Gier auf ein Leben, das du nie
hattest, mir ständige Begleiter waren. Wie oft bin ich

in deine Augen gefallen, habe dich gesucht und nicht gefunden. Ich kenne dich nicht, du bist fremd geblieben. Erinnerungen an dich geben nicht viel her. Welche Qualitäten dir fehlten, darüber kann ich sprechen. Was du Gutes in mein Leben gebracht hast, wie dein Leben in meinem gewirkt hat, darüber möchte ich beschämt schweigen. 26 Jahre war ich Teil deines Lebens, bis zu deinem Tod. Was habe ich alles aufgeboten dich zu erreichen: Ich habe dich mit meinen Fragen gequält, habe um dich geweint und für dich gekämpft, habe dir mein Mitgefühl und meine Hilfe geschenkt, habe deine Verzweiflung, deine Wut, deine Verachtung, deine bedürftige Unreife und all die Demütigungen auf mich genommen. Ich erinnere so viele Gelegenheiten dich zu hassen und habe es nicht getan. Du hast mir so leid getan und Du hast mir soviel Leid angetan. Dein Leid hat in meiner Seele gewildert, es hat sich in mein Leben geschlichen und es vergiftet. Du hast es mir zugemutet, dein Leben, du hast mich nicht nur geimpft mit deinem Leiden, du hast es mir aufgebürdet und mich damit restlos überfordert. Ich habe diese Bürde getragen, trug so schwer an deinem Leben, habe dich vor den Worten, den Blicken und den Urteilen der Menschen beschützt, habe Brücken gebaut, geschlichtet, vermittelt, habe Gewalt ausgehalten, umgeleitet oder zu mir genommen. Ich habe dir ein Leben vorgelebt, das ich für mich gebraucht hätte. Was habe ich erwartet? Da du nicht lieben konntest, wie konnte ich glauben, dass du dich lieben lassen würdest? Du hattest keinen Lebenswillen mehr, warst gleichgültig und stumm.

Dein Lebensmotto: "Ich nehm's, wie's kommt". Dann kam der Alkohol. Auch den nahmst du. Eine morsche Krücke, auf die du dich da ein Leben lang gestützt hast. Mit ihm konntest du leichter leben. Er nahm den Kanten die Schärfe, weichte die Worte auf, brachte ein schiefes, dümmliches Lachen in dein Gesicht und ein geselliges, tieftrauriges Unbehagen. Ich kenne dich nur in Begleitung dieses Gesellen, immer zu zweit, nie allein. Ich weiß nicht, wer du bist und wovon ich Teil bin. Ich erkenne mich nicht in deinen Augen.

Unter sehr viel Alkohol ist ein Fetzen deiner Hölle nach außen gedrungen. Lallend und weinend ist diese Geschichte aus dir herausgebrochen. Du warst mit deinem allerbesten Freund im Schützengraben, wie immer als Kanonenfutter an vorderster Front. Überall Granatfeuer. Du hast mit angesehen, wie deine Mitstreiter einer nach dem anderen in blutige Einzelteile zerbrachen. Dann der Einschlag neben dir, dein geliebter Freund getroffen. Jetzt fließen deine Tränen, du stotterst schluchzend und betrunken zum nächsten Bild. Du hast dein Gewehr weggeworfen, den Freund geschultert, den Krieg Krieg sein lassen und bist mit dem sterbenden Körper schutzlos durch Feuer und Bomben gerannt, wie in Trance. Zur nächsten Sanitätsstation. Dort ist dein Freund in deinen Armen gestorben. Hier war der Krieg für dich beendet. Du hast den Freund begraben, wenigstens hast du das so erzählt, aber ich denke, du hast einen Teil deiner Seele mit ihm eingegraben. Ich denke, hier hast du dich verloren. Du warst nicht mehr in deinem Körper, ein Phantom kämpfte für dich weiter, all das hatte mit dir nichts mehr zu tun. Du hast aufgegeben, hast ohne Lebenswillen und gleichgültig überlebt.

Im Wein liegt die Wahrheit, so sagt man. Ich hatte dieses Stück Wahrheit dem Wein zu verdanken. Niemals sonst hättest du mir diese Geschichte erzählt. Als du den verbalen Riss in deiner sonst so dichten Mauer bemerkt hast, bist du zurück in deine undurchdringliche Stummheit gefallen. Du hast nie auch nur ein Wort über das unvermeidlich Notwendigste hinaus gesagt. Kein vernünftiges Wort, kein Gespräch, da half kein Betteln und kein Bitten. Ich habe dein Schweigen nicht akzeptiert, ich habe dir keine Ruhe gelassen, ich wollte verzweifelt einen Vater. Ich habe die Not deiner Seele gespürt und gehört. Den Mund hast du dafür geöffnet, nicht für die erwarteten Worte, sondern für die Schreie. Der Mund war beinahe nicht groß genug, deine Atmung musste immer wieder neu ansetzen. Alles in einem Schrei verborgen, der tief in dir gärte und der abbrach, bevor er heil werden konnte.

Heute, Jahrzehnte später, hätte diese Not einen Namen: Traumatisierung. Heute würde man anders damit umgehen. Früher überließ man schwer traumatisierte Menschen sich selber, dem Leben, der Familie oder dem Tod. Die Not hat deine Eingeweide, deine Sinne und deine Gedanken zerfressen. Schwarze Verzweiflung hast du in deinem sonst wurzellosen Leben tief in deine Seele versenkt. Du hattest deine Spur verlassen und nichts brachte dich zurück. Ich habe deine Schreie gehört, habe deine Not, dein Elend gesehen und mit Händen berührt, auch das dünne Rinnsal der Liebe, tief, tief eingekapselt und verborgen vor den geifernden, kalten und rohen Augen der Welt.

Ich weiß nicht, wer du warst. Ich weiß nicht, wer du für mich bist. Ich weiß nichts über dich, ich kenne dich nicht. Als du starbst beerdigte man deinen Körper. Du hast mir dein Sterben und den Tod überlassen. In den letzten Stunden deines Lebens hast du mir zum ersten und einzigen Mal in die Augen geschaut. Ja, das waren kostbare Momente, und ja, ich glaube, wir haben uns erkannt und gesehen. Ich habe dir meine Hände gereicht und dich gehalten, auch ohne dich zu kennen. Aber das hätte ich auch für jeden anderen Menschen getan. Und ich habe dir meine Augen geliehen, damit du nicht allein bliebst.

Ich fühle mich nicht sicher in dieser Geschichte. Ich bin nie sicher.

Ich lege das alles in andere Hände, damit ich leben kann.

Fremd in einem fremden Land

Wie ein Kuckucksei bin ich vom Himmel auf die Erde gefallen. Mit Absicht in das übergroße Nest der Welt. Es haben sich immer wieder Menschen um mich gekümmert, mich versorgt, mir zu essen gegeben, mich gekleidet - aber ich hatte keinen Ort, an dem ich stehen, an dem ich frei atmen konnte. Ich blieb fremd, bildete keine Wurzeln aus und fühlte mich allein. Lange Zeit verstand ich dieses Gefühl aus Fernweh, Getriebensein, oft hungriger Suche nach einem Ort nicht. Irgendwann stülpte sich mein Leben nach innen, ich trug mein Haus, wie eine Schnecke, immer bei mir. Mit allem ausgestattet, was ich dafür brauchte.

Man sah mir an, dass ich jemand war, den man leichthin „anders" nannte. Den Satz im Ohr, der immer wieder bestätigend vorbeizog: „Du gehörst nicht zu uns." Schon früh war jedem klar, dass ich der Außenseiter, der schrullige, vereinsamte Eigenbrötler war. Sehr schweigsam und immer abseits. Jemand, der selbst bei Tageslicht mit einer Laterne durch die Straßen strich, immer auf der Suche nach Menschen, nach jemand, der mich sehend in die Welt aufnahm. Jemand, der bereit war mit mir zu sprechen, jemand der meinen Fragen standhielt.

Wunschdenken mit Laterne. Hellwacher Wunschtraum, dessen Erfüllung unmöglich schien. „Jemand" war nicht auffindbar. Ich begegnete mehr Rücken als Augen.

Wo immer ich war, was immer ich tat, ich fühlte mich fremd. Ich welche Augen auch immer ich schaute, ich konnte mich nicht in ihnen erkennen. Und blieb fremd. Irgendwann begann ich die Menschen zu vermessen, nahm, was sie sagten oder taten als Maß, wog ihre Worte und prüfte ihren Wert. Für mich ein überlebenswichtiger Vorgang und bitterer Ernst. Ich hörte mir zahllose Worte an, Geschichten, Erklärungen, Analysen und Rechtfertigungen. Ich wollte die Wahrheit, die ungeschönte Wahrheit, wollte verzweifelt glauben und konnte es nicht. Wenn ich Menschen nahe kam, verstummten sie. Ich verteilte meine Fragen großzügig nach allen Seiten. „Warum lügst Du?" fragte ich den Einen. „Würdest Du für Gott sterben?" den Anderen. „Wo wohnt Gott?" fragte ich einen Lehrer. Wie alt muss ich werden, um ernst genommen zu werden?

Überall Antworten, die sich meiner entledigen wollten. Keine Antworten, die mich ernst nahmen. Die meisten Menschen verwiesen mich auf später, dann, wenn ich alt genug sein würde. Dann also, könnte ich mit Antworten rechnen?

Als Kind setzte ich mich in die Astgabel eines Baumes und schaute in die Welt. Dieser Baum wurde ein Stück Zuhause. Ich lieh mir seine Wurzeln und reiste an ihren Strängen entlang, tief in das Innere der Unterwelt. Dort begegnete ich unglaublichen Wesenheiten, bunten Erkenntnissen und stillen Freuden. Hier durfte ich sein. Der Baum erlaubte mir nahezu alles: Ich durfte mich an ihn schmiegen, mit ihm lachen, er hörte mir zu, ließ alle Fragen gelten. Ich las ihm ganze Bücher vor, wir wurden Freunde. Samstags brachte ich ihm Blumen mit, manchmal auch einen hübschen Stein. Er schien sich über meine Präsenz zu freuen. Und meine Freude wurde geteilt, ohne dass ich an seine Grenzen auch nur rührte. Das waren glückliche Tage.

Als ich alt genug war aufzubrechen, zog ich in die Fremde. Dahin, wo alle fremd waren. Schlug mein Lager überall ein bisschen auf, nahm Quartier auf Inseln, in Städten und auf Landzungen. Ich studierte und privatisierte, aber meine eigentlichen Studien betrafen immer die Menschen. Ich erforschte ihre Lebensarten, ihre Gesten, Mienenspiele oder Worte und verlor meine Suche niemals aus den Augen. Viele Orte habe ich gesehen, aber meinen nicht gefunden, keinen, in den ich meine Wurzeln hinablassen wollte. Als herumziehender Nomade, nahm ich jederzeit mein Bündel und zog weiter. Unabhängig, mit leichtem Gepäck, ein Weltenwanderer. Ich legte Spuren, hinterließ sie im Weiterziehen. In wie vielen Herzen, in wie vielen Gedanken die Spuren Boden fanden, weiß ich nicht.

Irgendwann habe ich mein Fremdsein aufgegeben, verzichtete darauf mich fremd zu nennen. Ich kam zur Ruhe, beendete die Suche, begnügte mich mit dem Ort, an den es mich gerade gespült hatte. Letztlich war es einerlei, an welchem Ort und mit welchen Menschen ich mich verströmte. Die Wurzeln waren zufrieden, sie fragten nicht nach meinen Wünschen, meinen Bedürfnissen oder meinen Ansprüchen. Sie versanken in dunkler, duftender Erde.

Die Suche kam an ihr Ende, der Ort war gefunden. Eine Insel, eine Oase, ein Kloster, die Entsprechung meiner stillen Träume. Das war ein erlösender Moment. Ich bin angekommen.

Am Waldrand, abseits von Lärm und Hektik, weiträumig, licht bei Tag, dunkel in der Nacht. Ein Himmel voller Sterne und Weite. Die Berge stehen südseitig vor der Haustüre, überall singen die Vögel ihre Lieder. Alte Bäume. Ich reise wieder an Wurzelsträngen entlang. Ich habe mich finden lassen. Hier wohnen Glück und Frieden. Eine Schnecke, die ihr Haus abgestreift hat und nackt in der Sonne liegt.

Grüß Gott

„Grüß Gott", entbietet mir der Nachbar den Gruß. Oh ja, denke ich, welche eine Aufforderung, welche Einladung. Sind die Worte nur so dahingesagt, oder tust Du das auch? Natürlich grüße ich Gott, wir können uns beide daran freuen. Ich für meinen Teil suche ihn in jedem Gesicht, in jedem Wort, in jeder Geste. Man muss sich aufs Finden verlegen, darf nicht beim Suchen stehen bleiben, muss sich auch darauf verstehen um die Ecke zu schauen, denn bei frontaler Betrachtung löst sich das Bild in kleinste Bestandteile auf. Aber selbst dann muss noch nichts verloren sein. Wenn man weiß, wie ich, dass alles, einfach alles durchtränkt ist vom göttlichen Geist, dann ist es nicht weiter schwer seinen Gruß zu platzieren. Menschen wissen oft gar nichts von ihrer Beseeltheit, sie sind heimlich im Leben, lieben im Verborgenen, verstecken ihr Heiliges vor all zu gierigen Blicken.

Gott zu grüßen durchwirkt meinen Alltag, ja mein Leben. Ich grüße ihn, indem ich die Schöpfung achte, die Pflanzen und die Tiere, indem ich Menschlichkeit und Liebe, Großzügigkeit, Güte und Respekt walten lasse. Eine stetige Übung der Achtsamkeit, eine Lebensübung. Und ich grüße Gott, indem ich mein Leben dankbar ernst nehme und mich daran freue. Nicht immer finde ich die richtigen Worte. Es sind zweierlei Dinge, die Seelen in ihrer Bedürftigkeit zu sehen, zu erkennen, zu achten und sie wie einen kostbaren Schatz aus sich selbst heraus zu heben und ins Leben zu bringen. In Würde.

Wo sich mehrere Menschen im Namen Gottes versammeln, da sei er mitten unter ihnen, so steht es in der Bibel. Ich denke, es müssen gar nicht mehrere sein. Jeder einzelne bringt ihn mit, trägt ihn in sich. Gottesnähe ist nichts, was man sich durch vorgeschriebenes Wohlverhalten erwerben kann. Sie ist immer vorhanden, spürbar und nah, wenn sich Menschen für diese Nähe öffnen. Gottesnähe ist nicht die Belohnung für die guten Taten, sie ist immer in Reichweite, immer präsent, badet die Seele in Licht.

So viele Menschen aber kennen Gott nicht, sie erfahren ihn nicht, meistens glauben sie an ihn oder verhandeln mit ihm. Für ein bisschen mehr Wohlstand, für Gesundheit oder für Erfolg. Sie zelebrieren, rezitieren, beteuern und versprechen, unablässig. Wollen die versprochenen Qualitäten einfordern und in ihr Leben bringen. Ein erlösendes Ritual, für Frieden, Freiheit und Liebe. Jeder murmelt die einstudierten Formeln, auswendig, macht die richtigen Bewegungen. Wer hört, was er da murmelt? Wer spürt den Inhalt dessen, was er sagt? Der Geist weht, wo er will. Er lässt sich nicht erpressen oder kaufen. Verbriefte Garantie auf Gottesnähe gibt es nicht.

Die Gemeinschaft der Gläubigen fühlt sich berechtigt über jene, die keine Gemeinschaft bilden, zu urteilen. Wer nicht mit uns ist, ist gegen uns. Man kann sich nicht vorstellen ohne den schützenden Mantel einer Gemeinschaft leben zu können. Unbarmherzig, stur und starr im Richten der Anderen. Das Fremde wird gemieden, der Geist, der wehen will, an den Rand gedrängt. Nicht bewilligt in jenen Leben, die frei werden. Sperren ihn ein, den heiligen Geist, im Geviert des gemeinschaftlichen Wollens, begrenzen ihn, entweihen ihn. Glauben daran ihn zu besitzen aus Gründen der Rechtgläubigkeit, aus Gründen einer so verstandenen Gottesnähe. Wähnen sich im Himmel und lassen den Anderen die drohende Hölle. Es ist gar nicht nötig zu drängen, zu schubsen oder zu kämpfen. All die Anstrengung umsonst. Heilige Gegenwart, die sich schenkt, ohne Zutun. Selbstloses Sich-Verströmen. Geben ist seliger als nehmen. So viele haben verlernt zu nehmen, denn alles hat einen Preis. Wenn etwas keinen Preis hat, dann kann es nichts taugen. Wir haben unsere Schlüsse gezogen. Wir verlegen uns auf unermüdliches Tun und verdienen uns das, was wir haben wollen, auch wenn wir es nicht haben können. Mit vollem Einsatz, immer in der Hoffnung den Einsatz gut verzinst zurückzubekommen. Mit dem

Ergebnis, dass die Menschen hungrig bleiben, sich nicht mehr lieben lassen können, um Rechte kämpfen, die ihnen scheinbar zustehen und sich resigniert und müde in ihre Hoffnungsburg zurückziehen. Enttäuscht, weil die Gleichung nicht aufgeht.

Grüß Gott ist wie eine Fahne, die man hochhält, um das Suchprogramm nach seinesgleichen zu starten. Es geht gar nicht darum Gott zu grüßen, ihm das Leben zu Füßen zu legen, demütig das Haupt zu beugen. Wir können uns die nährende Stille der Seele und des Geistes nicht verdienen. Wir finden sie in den Tiefen unseres Seins, können uns jederzeit daran laben. Nehmen den göttlichen Geist zu uns, nehmen ihn an, froh und dankbar, leben mit ihm und heißen ihn jeden Tag aufs Neue willkommen mit einem beherzten „Grüß Gott".

Suche

Zeitlebens haben mich Worte fasziniert. Für mich waren sie lebendig und beseelt. Sie gaben sich nicht selbstverständlich preis und luden nicht ein, ich musste sie suchen und finden. Es gab soviel Sprachlosigkeit in meiner Kindheit. Ich suchte nach Worten, ich rang um sie. Und immer, wenn ich glaubte die richtigen, die treffenden Worte gefunden zu haben, wurden schon neue benötigt, um die ich wiederum rang. Das war ein Kreislauf ohne Ende, dem ich mich unterlegen fühlte. In schnellen Wortwechseln war ich verzweifelt überfordert, weil sich die richtigen Worte nicht schnell genug öffneten.

Die alltägliche Sprache war fremd und abweisend, sie berührte mich nicht. Sie war eintönig, beinahe tonlos und hatte keine Beziehung zu meiner Seele. Ich entdeckte, dass die Dinge, die ich sagen wollte, sich nicht sagen ließen. In meiner Not verstummte ich und begann mich vor der Welt und den Menschen zu fürchten und zu verstecken. Es schien sinnlos, sich auf einer isolierten Insel zu äußern. Es bedeutete eine schier unermessliche Anspannung des Willens, einen Abstand zu den Worten zu schaffen, die mich selbstverständlich umgaben und mich ebenso selbstverständlich einbezogen und benutzten.

Je älter ich wurde, desto dringender wurde mein Bedürfnis zu verstehen und zu wissen. Dieser Hunger schien unermesslich groß und war einfach nicht zu sättigen. Ich bewegte mich zwischen den Menschen, zwischen den Zeilen, zwischen den Welten, zwischen den Fragen und zwischen den Antworten. Ich fragte einfach immer weiter. Es waren weiß Gott Fragen im Überfluss. Und doch gab es immer noch mehr Antworten als Fragen, denn die Fragen, die ich nicht gestellt hatte, wurden auch noch beantwortet. Ich hielt die Menschen für Lieferanten von Wissen und hoffte, sie würden mir helfen die Rätsel dieser Welt und des Menschseins zu lösen. Das war aber nicht der Fall.

Die Antworten, die ich bekam, hatten keine Seele. Es waren sachdienliche, wissenschaftliche Erläuterungen, physikalische, metaphysische, religiöse oder sonst wie geartete Erklärungen, die die Welt und alles, was sich darin befand, unterwarfen und entzauberten. Aber worin bestand denn dann die Qualität nach der ich suchte?

Als junger Mensch hatte ich übersehen, und wie sollte ich das auch wissen, dass ich diese Qualität bereits in mir trug. Ich suchte außen. Wie viel einfacher wäre es gewesen nach innen zu schauen. Dafür war ich aber nicht sicher genug. Ich traute mir nicht, ich traute mir diesen Schritt nicht zu und auch niemand anderem.

Zurückfinden zu meiner mir inhärenten Qualität und meinem Wissen. Das, was in mir angelegt war, zu entwickeln, dem inneren Kompass folgen. Finden, nicht suchen. Es geht immer nur darum diese Qualität zu spiegeln und andere Menschen damit zu erreichen. Den eigenen Grundton hören, sich ihm annähern und ihm treu folgen. Dass sich die Suche nach diesem für mich Wesentlichen im Stillen vollzieht, habe ich etwas später begriffen.

Wenn man so intensiv mit der Suche beschäftigt ist, lässt das die Seele nicht zur Ruhe kommen. Und verhindert, unter Umständen, das Finden. Ich habe mich noch nie mit Antworten zufrieden gegeben. Ich kann nicht. Den Antworten anderer Menschen zu lauschen oder mein Leben gar nach ihnen auszurichten, hieße für mich, mich vom eigenen Grundton zu entfernen. Ich folge nicht den Stimmen der Anderen. Ich erinnere immer wieder auf intensive und unbequeme Art und Weise daran, dass unter der scheinbar geschützten Oberfläche jeder Antwort ein weiteres Fragezeichen lauert. Menschen wollen nicht so gerne erinnert werden. Viele wohnen in den Antworten wie in großen Häusern, viele verstecken sich gar darin. Wie oft bin ich stumm um sie herum gekreist, weil ich die türöffnenden Worte nicht finden konnte. Immer wieder. Stumm und einsam geworden.

Aber die geschützte Oberfläche führt nicht weit. Sie entspricht nur dem allgemein gültigen Konsens, auf dem sich das menschliche Miteinander bewegt. Ein Modus der Selbstverständnisse, der Glaubenssätze, der Vorstellungen und der Regeln. Verhärtete Oberflächen, mit denen so viele leichtfertig identifiziert sind, machen auch nach innen starr und unbeweglich. Die Oberflächen aufzubrechen und Veränderung herbeizuführen, ist nur sinnvoll, wenn an den Bruchstellen Bewusstsein entsteht.

Trotz meines Fremdseins bin ich Teil der Bilder, der Worte und der Systeme. Bin verwoben in die Gedanken der Menschen und in die mir zugeteilten Rollen. Dagegen kann ich nichts tun. Ein unsichtbarer Regisseur wechselt die Stücke aus, bringt Komik in ein Drama oder Drama in ein Lustspiel, besetzt die Spieler um, tauscht die Menschen aus - die Muster bleiben dieselben. Für die Aufrechterhaltung der zugrundeliegenden Muster wird alles nur Denkbare getan. Die Abläufe finden automatisch statt, aber die Zuteilungen beeinflussen jeden. Gelegentlich habe ich eine Hauptrolle, viel öfter jedoch spiele ich Nebenrollen. Wo in all diesen unterschiedlichen Zuteilungen kann ich sicher sein ein authentisches, unverfälschtes Leben zu haben?

Die Zelle

Die Zelle war vor vielen Jahren eine bergende Idee gewesen. Diese Idee war das Erste, was der Eremit in seinem Lebensbuch geschrieben fand und er hatte die Idee ohne Umschweife umgesetzt - so wie er glaubte, dass es sein sollte. Er war in einen Orden mit ausgewählt strengen Regeln eingetreten, seinen Ernst wollte er zeigen.

Die Jahre waren verstrichen, sein Haar war grau geworden und seine Augen schlechter. Einige der Mitbrüder waren gestorben und die Neuen hatten nicht so viel übrig für seinen Ernst und die Fragen, die in ihm brannten. Ja, Fragen waren viele in seinem Herzen entstanden und die Tiefe seiner Fragen entsprach der Tiefe seiner Einsamkeit.

So besprach er sich mit seinen inneren Stimmen, lange Dispute entwickelten sich in seiner Person, und jede Stimme bekam ihr Recht. Eine Stimme jedoch war aufdringlicher und kam ständig wieder, kaum, dass er glaubte, ihr genug Gehör geschenkt zu haben. Sie ließ sich mit nichts zurückweisen. Ihm war, als würde diese ihn belächeln, wie einen alten Narren. „So, so", schien sie zu sagen, „dies ist also der Ort Deiner altgehegten Sehnsucht. Was hast Du hier getan in all den Jahren? Bist Du satt in Deinem Herzen?"

Satt, satt, satt....., klang das Echo in seinem Geist nach, und der Zweifel, den er über all die Jahre bekämpft hatte, wenn er seiner Idee etwas anhaben wollte, schlich sich mit aller Macht in seine müden Knochen. Er schaute sich um, alles, was er fand, war eine karge Zelle hinter festen Mauern und seine pochende Sehnsucht im Herzen. Nein, er war nicht satt geworden und seine Zelle schien ihm auf ein Mal gänzlich fremd. Über die Jahre war die Idee des Klosters zu seiner Zelle geworden, zu seinem Zuhause. Die Idee hatte ihn gewonnen, ihn gefunden, die Idee hatte ihm Befriedigung seiner brennenden Sehnsucht versprochen. Nun saß er einsam inmitten seiner verbrauchten Idee und jäh kroch eine neue Erkenntnis mitten in sein Bewusstsein: Es gab keinen Ort mehr, wohin er gehen oder sich flüchten könnte. ER war dieser Ort, sein Kloster war in ihm und alles andere auch. Seine Idee war geplatzt, er konnte gehen, wohin er wollte, er konnte tun, wozu immer er Lust fand, mit diesem Leitlicht, das in seinem Herzen brannte. Die Idee hatte keine Macht mehr über ihn. Er war frei.

Angst

Eine Nacht kann lang sein und dunkel. Ewigkeiten passen hinein, Schrecken, Not und Angst. Sekunden, Minuten, Stunden, die zeitlos werden, die in Bildern takten und die Seele müde machen.

Es gab eine Zeit, da war dieser Strudel mein täglich Brot. Und meine nächtliche Pein. Die Angst hob den Taktstock, stimmte mich ein für eine nächste Runde. An Schlaf war nicht zu denken. Die Angst lief in Wellen über meinen Körper, nahm alles mit, auch das, woran ich mich gerade festhielt. Ich malte mir Fluchtwege aus, Strategien zwischen den Wellen, verordnete mir Ruhe, versprach mir Hilfe oder Schutz. Das alles hielt nur für die Zeit, in der ich mir das ausgedacht hatte. Keinen Moment länger. In meiner Welt gab es niemanden, dem ich mich anvertraut hätte. Dann wieder nickte ich ein, um einen Moment später schweißnass und schreiend aufzuschrecken. Den rasenden Schlag meines Herzens in den Ohren, ein jagender Galopp der gepeinigten Seele. Müdigkeit, immer Müdigkeit, die giftig und schwer in mir schrie.

Ich suche nach den Spuren, verfolge sie zurück. Wo ist der Anfang, wo das Stichwort, wo die gezündete Lunte?

Wo das erlösende Wort, das die Tränen nimmt. Die Angst feiert mich in Wellen, tagein und tagaus. Die Angst vor der nächsten Nacht oder dem nächsten Tag, die Angst vor dem Leben. Allgegenwärtig.

Tiefe Bedrohung liegt über mir wie eine Glocke. Wo ist die Hand, die sich reicht? Ich will dem Sog am Abgrund widerstehen. Ich will mich nicht loslassen, will noch nicht sterben. Die Fasern meines Körpers, aufs Äußerste gespannt, halten. Mit Einsatz all meiner Kraft bis zur totalen Erschöpfung. Der Schrei. Das Entsetzen. Keine Landkarten. Niemand, der mich schützt oder hält. Wo bin ich? Wie komme ich hier heraus? Atemlose Not!

Angst ist ein Monster! Verloren treibe ich in Schwärze, getrieben vom Hämmern meines Herzens. Aufhören! Erbarmen! Immerwährende Flut, es gibt keine Ebbe mehr. Nur noch Flut. Endlos. Kann mich nicht mehr halten, biete keinen Widerstand mehr. Kraftlos falle ich auf die Knie, Stoßgebete schreiend. Bleibe allein. Niemand. Meine Seele blutet. Ich sterbe.

Irgendwann bricht der Damm meiner Abwehr. Die überschäumende Angst reißt mich mit, unkontrolliert und unbarmherzig. Ich falle auf den Grund meiner Seele, ohnmächtig, klein und nackt. Dort gibt die Ursache meiner Pein endlich ihr Geheimnis preis. Meine Seele versteht. Und das Verstehen nimmt der Angst die Macht.

Jetzt sichere ich meinen Stand. Geschunden und zitternd öffne ich die Augen. Breitbeinig trotze ich den Gezeiten, Wind im Haar, und richte mich auf. Richte mich aus, nach den Sternen. Ich peile die Sterne an, verankere ein neues Netz, das mich tragen wird. Mit spitzen Fingern steche ich in Luftblasen, die überall um mich herum aufsteigen. Luft zum Atmen, tief und gierig inhaliert. Nichts als wortreiche Luft. Man kann mich nur bedrohen, wenn ich den Worten der Anderen glaube. Dann sperren die Worte mich ein. Jetzt weiß ich es: Ich brauche Abstand zu den Menschen, zu ihren engen Worten und Gedanken. Leerräume, die still sind. Muss meine Seele orten, die unter einer Glasglocke sitzt und in kalter Einsamkeit vertrocknet, Drohgebärden beobachtend, wortgewaltigen Zeigefingern ausgesetzt. Zusammengerollte, nackte und atmende Zellen, die nur eines wollen: Leben.

Später Abschied

Eine schlaflose Nacht zerrt an meinem Willen. Haut- und konturenloses Liegen, bedrängte Schau mit nackter Seele. Der Seelenspiegel gibt mich preis, formuliert einen Abschied. Ganz unvermittelt, ein erwachendes Aufschrecken. Ich muss geschlafen haben für einen Traum. Und plötzlich stehst Du im Raum, Gerd. Der Traum wiegt schwer, Du sagst mir adieu. Bist Du gestorben? Ich hatte vergessen, dass du lebst. Ich will Dir meinen Abschied nicht verwehren.

In diesem Traum klingle ich an der Tür eines Wohnblocks am Ende der Straße. Aus der Gegensprechanlage dringt Lärm, der ebenso gut zu einem türkischen Basar gepasst hätte. Kinderstimmen, Schreie, erwachsener Streit, ein laufender Fernseher - eine Geräuschkulisse, die alles zudeckt. Ich höre mich schreien: „Gerd, ist Gerd da?" Dann der Summer, die Tür öffnet sich. Gerd tritt heraus, einen Regenmantel salopp über seine quellenden Arme gelegt, sein Kopf, melonenrund, sein Körper fett. Schiebend setzt er ein Bein vor das andere und bleibt vor mir stehen. Wir schauen uns an. Seine Augen sind jugendlich geblieben und sprühen vor Freude. „Ich musste mir Raum schaffen", sagt er vergnügt, auf seinen Körper deutend. Kurz sind wir abgelenkt, denn eine Tür weiter stehen Feuerwehrleute, Polizei und Notarztwagen. Die Atmosphäre knistert vor Aufregung und Gefahr, ohrenbetäubender Lärm überall. Schmunzelnd dreht er mich zu sich heran und nimmt mich in die Arme. „Liebe und Sehnsucht wohnen dicht neben Gewalt und Hass, es ist nur ein anderes Fenster. Ich warte schon so lange auf Dich!"

Mit seinen Worten endet der Traum, aber sie öffnen die Schleusen, Erinnerungen nehmen sich Raum. Bilderfetzen drängen aus offenen Türen, holen verblichene Spuren aus dem Staub der Wege.

Ich erinnere mich: Du warst ein Jahr älter, eine Klasse über mir im Gymnasium, wir hatten denselben Schulweg, besuchten dieselbe Kirche, als Ministrant warst du der Freund meines Bruders, du wohntest zwei Straßen weiter in einem Haus, in dem auch meine beste Freundin wohnte.

Unsere Wege kreuzten sich als ich 14 Jahre alt wurde, für nur drei oder vier Jahre. Du entdecktest mich bei einem kirchlichen Disco-Abend und fragtest mich, ob ich mit Dir tanzen wolle. „Nein", meine kurze Antwort, nicht ohne schlechtes Gewissen. Du kamst noch zwei oder drei Mal an diesem Abend, um Dir weitere Neins abzuholen. Ein hübscher Junge, groß, blond, sportlich durchtrainiert.

Damals wußte ich nicht, woher all die Neins kamen. Heute weiß ich, ich hatte Angst.

Du hast mich gesehen, noch bevor ich sichtbar war. Du hast mich begehrt, noch bevor ich in meinem Körper war. Du hast mich geliebt, noch bevor ich mich selber liebenswert fand. Ich war unsichtbar und Du hattest mich gefunden. Ich konnte mir noch nicht einmal vorstellen, dass ich gemeint sein könnte. Aber darüber sprechen konnte ich auch nicht. Ich wurde, wie immer, still. Verzweifelt still. Konflikte wurden in meiner Welt nicht ausgetragen oder im Sprechen geklärt, sondern in lautem Schweigen zerrieben.

Es gab keinen Ort, an dem Du mich nicht gefunden hättest. Kein Versteck hielt mich verborgen. Du hast mich umworben, das gefiel mir schon, ganz heimlich. Dein Begehren hing wie ein süßer Duft in der Luft. Daran habe ich mich festgehalten, das gab mir Mut, aber Deinen Traum verweigerte ich. Ich wollte nicht in einem fremden Traum eingesperrt sein, ich brauchte einen eigenen. Ich zog weiter, immer weiter, an der Sehnsucht entlang, wollte, dass mein Traum mich fand. Ich wollte nichts sehnlicher als eine Affäre mit dem eigenen Leben.

Du aber wolltest nichts sehnlicher als eine Affäre mit mir. Du küsstest mich, führtest mich ins Kino und zum Essen aus. Wir haben gelacht, gesprochen und getanzt, Du warst immer da, wenn ich Dich brauchte und doch hast Du mein Herz nicht erreicht. Vielleicht waren wir nicht füreinander gemacht, vielleicht nicht füreinander bereit, vielleicht aber war ich nur ein wirres, verunsichertes und ängstliches Mädchen. Meine lodernde Sehnsucht wollte anderswohin. Ich hatte schon zuviel Leid und Not gesehen, Streit, Gewalt, Sterbende und Tote. Ich wollte ins Leben, ich zielte mit aller Kraft hinaus. Meine Angst war immens, dass mich etwas erneut binden und einsperren wollte. Mich in eine Jugendliebe fallen zu lassen, versprach keinen Trost. Ich wollte mein Leben frei wählen. Diese Chance konnte ich nicht leichtfertig vertun. Das forderte alles von mir: alert sein, wach und diszipliniert, umsichtig und vernünftig.

Ich hatte Angst, soviel Angst und Scham, soviel Scham. Ich fühlte mich unwürdig, als Kuckucksei eingeschlichen und nur knapp überlebt, weil meine Tarnkappe tief saß. Ich versteckte mich aus Gewohnheit. Ich konnte Dir nicht sagen, dass ich Dich gern hatte. Hatte kein Vertrauen, nur Angst. Konnte den Funken nicht aus der Hand lassen, habe auf die Angst gehört und verzichtet, stocherte in Gefühlen ohne Landkarte. Soviel Angst vor Stillstand. Schulterzuckend. Bedauernd. Ich kann nicht. Schorfige Notwendigkeit.

Du warst so traurig. Das habe ich gesehen und verstanden. Mein Verzicht trieb mich in die Ferne, Dich trieb er in andere Arme. Ich sammelte Ersatzstücke in bunten Glasscherben, reiste durch die Welt, besuchte Orte und Menschen, las Bücher, führte Gespräche, brachte mich in Sicherheit. Du hattest mich verloren, ohne mich je besessen zu haben. Immer nur angedeutetes, phantasiertes Miteinander.

Jetzt aber würdige ich Dich, Deine Liebe, Dein Interesse, Deine Freude. Die vielen gemeinsamen Bilder ergaben kein gemeinsames Ganzes. Wie manchmal das Leben so ist. Es zieht eigene Bahnen, legt eigene Spuren. Kein gemeinsames Muster. Und Deine Träume hielten schon Namen für die gemeinsamen Kinder bereit. Träume säumen den Straßenrand, bis sie zu Staub werden, nichts als Staub.

Dann kam der Tag, an dem Dein Vater das Auto an die Wand steuerte und damit Deine Mutter tötete. Alle sechs Kinder mutterlos, die jüngste Schwester fünf Jahre alt. Es hat Dich zerbrochen. Dein Schmerz war elektrisierend, nach außen trocken und still. Verzeih mir, wenn es etwas zu verzeihen gibt. Dein Traum hat mich nicht erreicht. Aber ich wollte Dir ganz bestimmt nicht weh tun.

Knöcherne Wahrheit unter dem Abendhimmel. Ich werde an Deinem Grab sprechen und beten.

Alles ist Leben

Die Welt verändert sich vor meinen Augen, in jedem einzelnen Moment. Ein schöpferischer Zeitraffer, der alles einbezieht. Alles ist Leben, ich kann es überall sehen. Niemand, der aus meinen Augen schaut. Alles, was meine Augen mir zeigen, ist Teil eines Mysteriums. Ein Leuchten zieht durch den Alltag, ein kraftspendendes und tröstendes Strahlen umgibt die Dinge. Ein warmes Licht durchdringt auch die kleinen Dinge. Die Gunst der kleinen Dinge nährt meine Seele. Glückstrunken und dankbar schaue ich auf mein Leben. Ich lebe! Das alles ist mein Leben. Habe ich heute schon gelacht?

Ich atme mit dem Herzen - jeder Herzschlag öffnet die Liebe. Ich sehe mit dem Herzen - jeder Herzschlag ein neues Werden, ein neuer Augenblick. Worte, Bilder, Gesten, Farben und Formen, alles wendet sich mir zu, alles zeigt seine Seiten, die Kehrseiten, die Unterseiten und die Oberflächen. Fließendes, beseeltes Ineinanderlaufen allen Seins. Äonen in einem Lachen geborgen, die Weisheit der Schöpfung hineinmodelliert, in den Zwischentönen, in den Obertönen, das Gedächtnis der Welt hörbar.

Jeder Mensch ist als Tropfen auf die Erde gefallen, eine kleine intelligente Seelensonde, die sich mit der Erde entwickelt, ausformt und verändert und wieder zu Erde wird. Kleine isolierte, lernende Inseln. Ich spreche mit Bäumen, mit Steinen und mit Tieren. Alles lebt. Sie erzählen ihre Geschichten. Ich verbeuge mich und speichere ihr Leben und ihren Traum. Nichts geht verloren. Alles ist immer und überall präsent. Alles, was mich streift und berührt, alles, was ich sehe, höre, spüre, schmecke, alles, was meine Sinne erreicht, prägt sich ein in meinen Seelenräumen. Ich will nichts dem Vergessen preisgeben. Ich würdige alles mit meinem Leben.

Oft begleitet mich ein Gefühl, schon gelebt zu haben, Dinge schon gesehen, gehört und erlebt zu haben, Menschen schon begegnet zu sein. Ein déjà-vu nach dem anderen. Kleine Brüche im Weltengefüge, kleine Lücken zwischen den Welten. Für einen Moment in das Gedächtnis der Welt gefallen. Dann wieder das Gefühl nicht selbst zu handeln, sondern von unsichtbaren Kräften geführt und versorgt zu sein. Der Eindruck, die Dinge fallen mir zu. Ich suche nicht länger, bin immerzu am Finden. Alles gibt sich unverfälscht preis. Nichts wird beschönigt, nichts wird geschont.

Ich will einen Parkplatz mitten in der Einkaufsmeile - direkt vor mir wird er frei. Ich muss eine Angelegenheit regeln - sie erledigt sich von selber. Ich denke an eine Freundin - keine fünf Minuten später ruft sie an. Ein Mensch liegt im Sterben, ich träume seinen Tod und freue mich, dass er sich im Traum von mir verabschiedet.

Ich wundere mich nicht, ich erschrecke nicht mehr. Überall sind die Zeichen sichtbar. Im Fluss zu sein, in der Hingabe zu leben. Ich merke es an der Leichtigkeit, an der Freude und an dem Licht der Welt, das alles erhellt. Die Menschen nennen das Zufall. Es gibt keinen Zufall, es gibt nur die Leichtigkeit des Seins.

Darin wohnen Glück, Freude und Ehrfurcht. Ich gebe dem Leben die Ehre. Noch bewegt ein leiser Wind den frühlingssatten Kirschbaum vor meinem Fenster, noch lassen sich die Halme auf den hohen Wiesen kitzeln und zu all dem singen Scharen von Vögeln ihr Lied. Es gilt die Augen offen zu halten, es gilt einzustimmen in das Lachen der Himmel, in den Jubel der Welt. Wer will es hören? Wer will es sehen? Es gilt die Blindheit abzulegen, mit der wir all das überwältigende, intensive Erleben von uns fern halten. Es gilt das Leben zu bejahen und es durch weit geöffnete Türen in die Seele ziehen zu lassen.

So viele Menschen funktionieren linear, sind eng, bewegen sich in Scheinrealitäten und verschenken soviel Tiefe für einen reibungslosen Ablauf ihrer Alltagsroutinen.

Ich erinnere daran: gegenseitige Schonung normiert die Menschen, verweist auf den vereinbarten Konsens, auf die versprochene Normalität, die grau, abgestanden, oft genug freudlos, die Stunden frisst. Ich will mehr: Ich will wesentlich sein - will Wesentliches im Gespräch austauschen, will ehrlich und präsent leben, will wahrhaftig sein. Wenn ich Menschen begegne, suche ich immer die Augen. Was ist das für ein Mensch? Mein Interesse ist groß, Teil anderer Leben sein zu dürfen. Wie ist dieser Mensch gemeint? Wo hält er sein Wesentliches verborgen? Wo kann ich helfen, was kann ich lernen, was lässt sich teilen? Zeigt er mir seine Fragen und seinen Sinn?

Ja, ich weiß: Wenn man aus engen Augenschlitzen und mit gerunzelter Stirn auf mich schaut, bin ich nicht sichtbar. Dann lebe ich mit dem Etikett, das allzu oft mein Sein brandmarkt: „Zu intensiv". Mittlerweile kann ich damit leben, obwohl ich Urteile allzu schade finde, denn sie fördern nicht Interesse und bringen keine Freude ins Leben, sondern machen Angst und vermeiden Nähe.

Initiation

An einem beliebigen Spätnachmittag, ich war gerade
nach Hause gekommen, überkam mich ein seltsames
Gefühl, gepaart mit einer nicht zu ignorierenden Unruhe.
Ich setzte mich auf's Bett, wechselte auf den Boden,
nahm ein Buch zur Hand, legte es wieder weg, vertiefte
mich in Meditation, ließ es wieder sein. Was war los?
Nichts half. Die Unruhe wurde immer heftiger, ging in
Zittern über, mein Herzschlag raste und klopfte in den
Augen. Ich bekam Angst, große Angst. Etwas war da im
Gange, was ich nicht im Griff hatte, worauf ich keinen
Einfluss nehmen konnte. "Verankern" kam mir in den Sinn,
also zählte ich Atemzüge, nahm mein Strickzeug zur
Hand, während ich Schritte im Zimmer auf und ab ging.
Auch das half nicht. Die Unruhe wurde immer größer,
eine eisige Kälte lief durch den Körper, plötzlich fror ich
wie nicht einmal im tiefsten Winter. Die Angst wurde
körperlich, alle Nerven standen auf, spielten verrückt,
schickten Symptome, wie Übelkeit, Durchfallgefühle,
Zittern, Schwitzen, einen trockenen Mund. Ich schaute
mich im Zimmer um, die Dinge waren nicht mehr, was sie
immer waren. Ich wusste, das ist mein Bett, mein Tisch,
mein Buch, aber gleichzeitig waren sie nicht mehr Bett,
Tisch oder Buch. Diese Dinge waren nicht mehr in der

Welt, so wie ich mich nicht mehr in der Welt fühlte. Sie waren wie durchsichtig. Da wusste ich, das ist der Tod. War es meiner?

Die Welt wurde angehalten. Ich hielt mich mit letzten Kräften an ihr fest, wollte nicht sterben. Zu diesem Zeitpunkt hatte die Angst vollkommen von mir Besitz ergriffen. Mein Leben lief rückwärts, ich schaute Szenen aus meinem Leben an, die im Zeitraffer auf einer inneren Leinwand an mir vorbeiliefen, als Film, nicht als gelebte Bestandteile eines eigenen Lebens. Alles war fremd, vollkommen beliebig, unwichtig und leer. Und dann ließ ich los. Überließ mich dem Sterben. Wenn es denn sein sollte, was hatte ich dagegen aufzubieten? In diesem Moment war die Angst verschwunden.

Um mich herum leerer Raum. In meinen Augen ploppte es, hörbar, so schien es mir, und das Nichts um mich herum bekam Gestalt. Ich konnte plötzlich „sehen". Drei Geistwesen, spirits, von unterschiedlicher Gestalt, schwebten auf mich zu, betrachteten mich von allen Seiten, schauten sich vielsagend an. Sie lächelten und lächelnd, ja grinsend begannen sie ihr Werk.

Vom Hals abwärts bis zum Schambein schnitten sie mit ihren Händen meinen Körper auf, klappten die Körperhälften auseinander und weideten mich aus.

Sie nahmen Leber und Herz zuerst, dann den Magen und die anderen Eingeweide und warfen sie achtlos neben sich auf die Erde. Sie lachten und schäkerten als hätten sie dabei höchstes Vergnügen und blickten immer wieder in meine Augen. Endlich waren sie mit ihrer Arbeit fertig. Sie schienen zufrieden, ließen mich aufgeklappt und ausgeweidet zurück und verschwanden. Ich hatte keinerlei Schmerzen, ich beobachtete die Schnitte, ihre Arbeit, die Entnahme der Organe. Es gab kein Blut.

So lag ich und schaute. Ohne jede Regung im Gefühl, nur beobachtend. Die Zeit stand still, mein Denken stand still. Kein einziger Gedanke, nichts. Reduziert auf die Augen. Aber die Augen hatten alles gesehen und verstanden. Soviel gesehen, soviel verstanden. Alles hat sich mir gezeigt und ich durfte sehen.

Äonen später kamen diese drei Gestalten zurück, betrachteten ihr Werk und begannen die herumliegenden Organe wieder zurück in meinen leeren Bauchraum zu stopfen. Das amüsierte alle, sie lachten herzlich über ihr Tun. Dann stellten sie mir noch die Lichter um, von den Füßen an den Kopf. Und ließen mich allein. Da lag ich, weitere Äonen, ohne jedes Zeitgefühl. Meine Augen waren wach, mein Körper war nicht vorhanden. Aber es stellte sich ein tiefer Schmerz ein, der wie aus einer anderen Umlaufbahn aus meiner Seele zog. Meine Augen schauten ihn an, nahmen ihn zu sich, bis er aus mir heraustrat und sich auflöste.

Nach weiteren Ewigkeiten hörte ich das Krähen eines Hahnes. Jedes Geräusch, jedes Gefühl, jeder Gedanke, alles war neu. Als hätte ich ein neues Leben geschenkt bekommen, eine neue Chance. Ein weißes Blatt ohne Vergangenheit. Mein Leben auf reset. Ein Gnadenakt, eine Initiation. Keine Strafe, wie ich zuerst vermutete. Etwas, was mich von Grund auf neu aufstellte und ausrichtete und bis heute prägt. Aber all das habe ich erst viele Jahre später so gesehen. In den ersten Tagen, Monaten und Jahren war ich überzeugt, ich könne mein altes Leben einfach fortsetzen, so als hätte es dieses Ereignis nicht gegeben. Als hätte ich während eines Nervenzusammenbruchs nur einen schlechten Traum gehabt.

Beruf und Berufung

Mein Interesse, meine Liebe gilt den Menschen, mein Herz findet Seelen, offene und versteckte Herzen, verborgene Worte. Mein Beruf berührt meine Berufung, ich bin Psychotherapeutin. Der allgemeinen, klassischen Berufsauffassung abtrünnig geworden auf einem langen Weg, der meiner war. Heute ist die Psychotherapie vielfach Teil der Krankheit, an der die Menschen leiden. Ein Wiedereingliedern in vermeintliche, nicht hinterfragte Sicherheiten und Normalitäten, ein Korrigieren, ein Anpassen, Einfügen, Angleichen und Verbessern. Eine Diagnose unvermeidbar. Mit der Diagnose ein behinderndes Stigma. Lebenslänglich. Voraussetzung für die Gesundung sei die Krankheitseinsicht, heißt es. Erst dann kommt die Seele an die Reihe.

Letztlich ist Leben nicht therapierbar. Wer bestimmt darüber, was „normal" ist, wer, was bereits krank ist und was nicht? Welchen Rahmen haben die Menschen zur Verfügung für ein eigenes Leben? Wer will dafür die Verantwortung übernehmen, Menschen zu sagen, wovon sie zuviel haben und wovon zu wenig? Wie gestaltet sich das richtige Maß? In regelmäßigen Abständen erscheint ein neues „Diagnostic Manual" der psychischen

Erkrankungen. Jedesmal ist es umfangreicher, weil unzählige Krankheitsbilder mit neuen Namen dazu kommen, die es im letzten Manual noch nicht gab. Auch Fachleute und Kollegen sind sich einig, dass das vollkommener Unsinn ist und so nicht weitergehen kann. Wenn eine unliebsame oder unbequeme Verhaltensweise, eine Lebenshaltung, eine Marotte, eine Gewohnheit plötzlich diagnostisch interessant und mit einem Namen versehen wird, dann wird damit ein neuer Markt von Kranken geschaffen, der enorme wirtschaftliche Interessen berührt. Aber krank?

Die Menschen bewegen sich in ihrem Leben an ihren Diagnosen entlang. Krank gestempelt. Die Menschen beklagen den Verlust von Sinn, den Verlust ihrer Lebensmitte, ihrer Freude, den Verlust von Hoffnung und viele haben Angst. So viele fügen sich in ihr Schicksal und finden sich ab mit den Formeln, mit denen man sie zudeckt. Da gibt es Menschen, die zu mir in die Praxis kommen und noch bevor sie ihren Namen nennen, sich mit dem Satz vorstellen: „Guten Tag, ich bin eine Depression", und mir das mit Rezept und seitenlangen ärztlichen Gutachten beweisen wollen. Sie schenken den Diagnosen, den Namen, die ihnen zugeteilt werden, Glauben, werden zu diesen Namen, identifizieren sich damit, füllen sie aus und leben mit ihnen, unter Umständen vollgestopft mit Psychopharmaka, ohne zu hinterfragen und ohne das Eigene mit ganzer Kraft dagegenzusetzen. Sie werden sich selbst entfremdet, ihre Empfindungen und Gefühle, ihre Gedanken standardisiert, um sich schließlich wieder einzupassen in die Reihen der „Normalen", die sie vielleicht wieder gesund definieren. Mit Seelenkunde, mit der Erlösung oder Heilung der Seele hat das nicht viel zu tun.

Seelenarbeit dauert, geht man den Dingen wirklich auf den Grund, ein wenig länger. Das, was ein Leben geprägt hat, seine Wirkkräfte, seine Lasten, das Leiden, alles hat eine sehr eigene Geschichte, eine eigene Wirklichkeit. Die Geschichte, die Erinnerung, die Engstellen, die Schmerzen, die Gefühle: All das will erzählt, gehört und erlöst werden. Die Kraft, die in diesen Geschichten gebunden bleibt, will ausgelöst werden und wieder zur Verfügung stehen. Bei der Seelenarbeit geht es darum, Öffnungen herzustellen, die eine Ausheilung möglich machen, das Leben verändern und neu ausrichten.

Veränderung entsteht aus der Einsicht in ihre Notwendigkeit. Ob aus Not oder in der Krise, Veränderung gibt es nicht auf Rezept. Die Seele holt sie sich. Veränderung geschieht, wenn Öffnungen entstehen. Manchmal, wenn Menschen mit dem Rücken an der Wand stehen, verändert sich ein Leben aus der Enge heraus, wenn es keine Wahl mehr gibt und keine Alternative.

So viele Menschen fristen ein funktionales, leeres Dasein, irren und verirren sich im eigenen oder in fremden Leben und merken es noch nicht einmal. Das entspricht bei weitem nicht ihrem Wesentlichen und nicht ihrer eigenen Wahrheit. Ich bange um ihre Seelen, will behilflich sein, reiche meine Hände. Wenn ich darf, öffne ich für sie und mit ihnen die verdrängten Erinnerungen, bringe sie zum eigenen Urgrund, zur vergessenen Quelle und lade sie ein, den Grundton der Seele zu hören.

Wir Menschen sind reine Energie, bestehen aus Energiefeldern, die wir Leben nennen. Es ist jedes einzelnen Menschen Wahrheit, sein Leben und seine Verantwortung. Die wirklich wesentlichen Fragen verändern Leben und machen daher Angst. „Wer bin ich?", „Wer bist Du?", „Was bedeutet Leben, was Wirklichkeit?", „Worin besteht mein Lebenssinn?", „Wie ist mein Verhältnis zum Tod?", „Bin ich im Kontakt mit meiner Seele"?, „Was bedeutet Gott für mich?", „Kann ich anderen Menschen begegnen?", „Was ist Liebe?" und so weiter…

Es ist kalt geworden, da draußen. Manchmal möchte ich laut schreien: „Wacht auf!" Möchte euch rütteln und dabei behilflich sein das Leben neu zu ordnen, euch an das mögliche Leben erinnern, an die Lebendigkeit und an die Freude. Wohin sind wir gekommen? Das viele Geld, das ihr verdient, die eitlen Späße, die stumpfen Träume, sie machen die Seele nicht satt.

Ich weiß nur zu gut, dass man keinem Menschen helfen kann, der keine Veränderung will oder zulassen kann. Wie ist Veränderung möglich, wie Aufwachen, wie ein Neubeginn, wenn Menschen das Neue noch nicht einmal denken können? Wenn sie nicht merken, dass es außerhalb ihres Horizontes, außerhalb der von ihnen gesetzten und gewahrten Grenzen, andere Wahrheiten, andere Gesetzmäßigkeiten und andere Wirklichkeiten gibt?

Wie, wenn Augen und Ohren geschlossen bleiben, wie, wenn die Sprache auf der allgemein genutzten Oberfläche nicht greift? Ab und an gibt es einen kleinen Bruch in der Zeit, ein unerwartetes déjà-vu, einen kleinen Riss in der Oberfläche, ohne dass der Bruch zum Einbruch führt.

So viele Worte werden gesprochen, aber die Worte tragen uns nirgendwo mehr hin. Dabei gieren Worte nach Lebendigkeit. Wir Menschen haben ihren Saft ausgepresst und schal werden lassen. Übrig bleibt die Frage: „Ist das alles?" Und mit dieser Frage kommt die Angst.

Die Angst gibt den Takt an, in dem Menschen sich bewegen. Im Gleichschritt mit Anderen oder im Galopp. Atemlos in einem fremden Tempo. Alles nur um die Angst nicht zu spüren. In einem stillen Winkel unseres Bewusstseins wissen wir um sie. Es ist immer dieselbe Angst vor der Begrenztheit des Lebens, vor dem Ausgeliefertsein, vor dem Verlust, vor der Ohnmacht und vor dem Tod. Wir haben Angst vor dem Tod, weil wir nicht mit ihm leben.

Der Schmerz

Es war kein Traum, keine Phantasie, keine Einbildung -
eher ein Vorhang, der zur Seite geschoben, eine
Flügeltür, die nach außen geöffnet wurde. Eine Vision.
Zusammenhänge, die sich entblättern, Einblicke,
Einsichten, als Gnade gereicht. Das Ende des Leidens,
die Auflösung des Rätsels, ein Ausatmen in Stille.

Allgegenwärtiger Schmerz umgibt mein Leben. Ein
Schmerz, der wie wabernder Nebel alles umfängt. Ich
atme ihn ein, atme ihn aus, er ist greifbar, sichtbar,
spürbar. Die Welt pulsiert mit ihm, diffuses Licht versucht
ihn zu durchdringen, dennoch liegt er bleischwer auf
allem, was lebt. Er dringt in mich, füllt mich ganz aus,
schreiend und heiß. Unerträglich intensiv, meine ganze
Aufmerksamkeit fordernd. Ich bleibe bewegungslos, um
dieser Intensität zu folgen, will aufrecht stehen bleiben,
nicht der einladenden Ohnmacht folgen, will erforschen,
will die Geschichte finden, die dem ganzen zugrunde
liegt. Bleibe nüchtern, taste in kleinen Gesten die Bilder
ab, folge dem Unbehagen, bis ich auf der Spur bin:

Ich sehe mich auf einer Bank sitzen, ein kleines Mädchen,
deren Füße nicht auf den Boden reichen. Links von mir

sitzt ein Junge, meinen Kopf auf seiner Schulter, neben ihm ein Mädchen. Auf meiner linken Seite, so weit das Auge reicht, tausende Menschen, ein Getümmel, unüberschaubar viele Menschen. Vollzählig, überwältigend viele, so viele Menschen. Alle haben einen Platz in meinem Leben, manche kenne ich lange und gut, manche sind mir kurz begegnet, manche an mir vorbeigelaufen, manche kennen sich, viele sind einander fremd. Viele unterhalten sich, manche lachen miteinander, viele stehen einfach herum und schauen in die Gegend. Tosender Lärm, wie eine Mauer. Ich bin so müde, so müde, verstehe das Gedränge nicht. Warum seid ihr da? Was wollt ihr alle von mir? Warum sitze ich auf dieser Bank?

Am Rand, am Saum der Szene, sitze ich. Der kleine Mensch, der da sitzt, ist alterslos, verkörpert alle Alter. Der Babyflaum wächst neben dem schulterlangen Silberhaar, die Augen offen, der Schmerz wie ein schneidendes Skalpell. An der Spitze des Schmerzes streift mich kein Lächeln, berührt mich kein Wort und keine Geste. In die offene Weite fällt der Satz: „Du bist unsichtbar"! Dieser Satz reißt ein Loch in meine Seele, der Schmerz wird breiter, zäher, bis er stockt und stehen bleibt. Das kleine Mädchen hebt den Kopf, richtet sich auf und spricht aus, was gesagt werden will: „Es gibt keinen Ort für mich - ich bin allein, grenzenlos allein." Verloren in diesem Niemandsland bewahre ich dennoch mein beobachtendes Auge. Bezeuge und beschreibe die Insel, auf der ich lebe.

Da, unvorhergesehen, lächelt es in mir und der Schmerz verstummt. Eine einzelne Träne sucht sich ihren Weg. Trotzdem - trotz alledem, es gibt die Liebe in mir, es ist genug für alle vorhanden. Genau genommen bin ich voll davon und ich verteile großzügig nach allen Seiten. Heute, heute darf ich. Wer sollte mich hindern? Wer mich daran hindern sichtbar zu werden?

Und plötzlich geht auf meiner rechten Seite eine Tür auf. Mein Mann kommt herein mit meinen beiden Töchtern und einem zweigeteilten Strauch in den Händen, den er rechts von mir abstellt. Dieser Strauch leuchtet in den Farben orange und gelb. Er brennt, so intensiv, das Hinschauen weh tut. Dennoch kennt meine Freude keine Grenzen. Fühle mich berührt, bin dankbar, fühle mich gemeint. Ich lebe dort, wo die Liebe wohnt.

Sammelleidenschaft

Höchstes Vergnügen bereitet es mir, meine Sammlung ans Licht zu holen und einer Leidenschaft zu frönen, die schon lebenslang andauert. Dabei zeige ich durchaus gierige Suchtsymptome. Ich spreche von der Sprache, von Worten.

Wenn sich Buchstaben zu neuen Worten, zu neuen Bildern, zu neuen Gedanken sammeln, sich neu gruppieren und ordnen, dann bin ich glücklich. Worte sind für mich Wesenheiten, die bedeutungsschwer nach mir greifen, sind wie Kinder, die mich zum Spiel abholen. Ich spiele mit ihnen, ausgelassen und froh. Ich bücke mich für jedes einzelne Wort, das Menschen achtlos fallen lassen. Nie war mir die Mühe zu groß. Ich bin sehr beschäftigt, die Arbeit hört nie auf. Selbst wenn ich ruhig, von der vielen Arbeit müde, in meinem Lehnstuhl sitze, klopfen sie zaghaft an mein Ohr, sprechen direkt in meine Seele, manche drängend, manche leise, manche laut. Sie laufen mir unaufhörlich hinterher, gönnen mir kaum Zeit für Alltägliches, betteln um Aufmerksamkeit. Sich ihnen zu widmen ist ein höchst erquickliches Unterfangen, denn sie öffnen ihre Blütenkelche und lassen mich daraus trinken.

Dabei geht man alles andere als gut mit ihnen um.
Im Vorübergehen werden sie entsorgt, wie gerauchte
Zigaretten aus dem fahrenden Auto geworfen. Wer hebt
sie auf? Wer kümmert sich darum? Worte werden
überfahren, vergewaltigt, anderen Menschen buchstäblich
aus dem Mund gerissen. Worte bleiben auf Zungen liegen
oder spalten diese, Worte rasen über Datenautobahnen
und verbrennen dabei oft genug ihre Form und ihren
Inhalt. Worte werden wie Waffen auf andere Menschen
gerichtet. Worte vergiften Leben. Worte ertrinken in
digitalen Bilderfluten und büßen ihre heilbringende
Lebendigkeit ein. Überall liegen die Scherben eines
unverbindlichen Wortspieles, Wortscherben, die ich mit
Tränen in den Augen zurück ins Leben hole, repariere,
pflege, neu mit Bedeutung fülle, um sie angereichert
wieder auszusetzen, im Sinne der Artenvielfalt, im Namen
der Lebendigkeit.

Gibt es denn noch einen Bedarf, einen Hunger nach
lebendigen Worten? Mehr denn je, wenn man mich fragt.
Aber man fragt mich nicht.

Jedes lebendige Wort, das heute gesprochen, zwischen
Menschen hin- und hergereicht wird und in die Ohren
so vieler vordringt, schafft Hoffnung, öffnet Seelenräume
in einem unüberschaubaren Meer der Achtlosigkeit, der
Geringschätzung und der fremdbestimmten

Selbstverständnisse. Gesprochen oder geschrieben verdichten sie den Transfer zwischen Innen- und Außenwelt und machen ihn reich. Sie trotzen, sie widerstehen einer lieblosen Welt, sie hüten die Hoffnung auf Menschlichkeit, auf Wärme und Geborgenheit und auf sprachliches Begreifen. Es ist nicht nur die Hoffnung, die mich in meinem Sammeltrieb anspornt. Ich kann Verschwendung nicht ausstehen. Verschwendung von Lebenszeit, Energie und Qualität. Ich kann die vielen Geschichten nicht verloren geben, kann den Verlust der menschlichen Mitte nicht verwinden. Ich kämpfe mit meinen eigenen Worten, ich setze dagegen, finde Gegengifte, mache Mund-zu-Mund-Beatmung, hauche neue Worte ein, mildere Gefechte, schlichte Streit, formuliere Waffenstillstandsgesetze, reichere verbrauchte, zerriebene oder missbrauchte Worte neu an, rekonstruiere chirurgisch entstellte Worte, säubere Wortdeponien und bewahre sie bis zum weiteren Einsatz in meinen Archiven. Es ist so viel zu tun. Für jedes Wort kommt eine Zeit, der richtige Moment.

Worte vermögen alles: Sie bringen Einsicht in verborgene Zusammenhänge, schaffen Nähe und Verbindlichkeit, spannen das Seil über menschliche Abgründe namenloser Angst.

Feuertaufe

Es ist ein paar Jahre her seit der große, heiße Wüstenwind
meinen Mantel nahm. Heiß fraß er sich durch die
Straßenzüge, gierig lodernd griff er nach allem, was
seinem Appetit Sättigung versprach. Ich sah ihn von
weitem kommen, furchtlos, staunend, wußte, dass er
nicht nach meiner Haut gierte, sondern nur nach meinem
Mantel. Breitbeinig stellte ich mich in den Wind, heißer
Aschenregen, feinster Sand fraßen sich in meine Haut.
Die Geräuschkulisse war in ihrer schrillen Schärfe
betäubend. Menschen rannten kopflos und vor Entsetzen
schreiend wild durcheinander, viele stürzten und wurden,
noch bevor das Feuer sie erreichte, zu Tode getrampelt.
Die Feuerzungen verschonten nichts.

Innerhalb von Sekunden wechselten die Szenen. Die
Menschen, die eben noch schrieen, eben noch liefen,
waren verschwunden, durch andere ersetzt, die
wiederum, im rasenden Wechsel, von den nächsten
ersetzt wurden. Das ging so schnell, dass bloßes
Beobachten zum Rausch geriet. Scheinbar wahllos
brannten die Körper, lichterloh, Kinder, Erwachsene, Alte,
Tiere, Pflanzen, sengend die Hitze, flimmernd die Luft.
Die Luft, die ich atmete, verbrannte meine Lungen. Das

Wort „Feuertaufe" kam mir in den Sinn. Als ich mich umsah, stand ich säulenartig, breitbeinig, wie zum Duell bereit, einer Statue gleich, in einer Landschaft, die in rot flirrenden Tönen gemalt schien, sah, dass immer wieder in Abständen ähnliche Statuen standen, festgezurrt in einer Realität der anderen Art.

Ich schaute aus Augen, die verwandelt schienen, ein Schauen, das emotionslos und nüchtern wahrnahm. Ein Schauen, das keinerlei Mühe hatte im Dienst des Zeugen zu stehen. Zeit fiel aus jedem Rahmen. Ich stand um des Stehens willen, stand, ohne je daran zu denken, dass ich stand. Ich war in meinem Wesen staunend, wie im Bann diesem eigenen Staunen hingegeben, verfallen der eigenen Mitte des Seins. Ausgespart und ausgespuckt, von Feuerzungen abgeleckt, zurückgelassen als karge Höhlung einer anderen Zeit. Der überlebte Rest, der keine Verzierungen, keine überflüssigen Bilder, keine großen Gesten schichtet oder hortet, und nur das, was ist, in die Mitte hebt und staunt.

Kein Mantel mehr, der zudeckt, der schützt, keiner, der kleidet, keiner, der zeigt. Abgebrannt zur Ruine, zum Fundament. Die fallende Asche vermengt in den gläsernen Sand, vom atemlosen Wüstenwind gehäufelt. Reduziert auf die Glut, aus der ein neuer Phönix sich erhebt. Sein Schrei schallt durch die Welten.

Hier bin ich und warte bis der Erbarmer der Welten nach mir greift und meine Seele zu neuen Schwüngen emporhebt. Hier bin ich, lodern die Zungen, die mein Ich verbrannt haben, aber meine Seele rot glühend leuchten lassen. Hier bin ich, nur ich. Wer braucht einen Mantel, ich habe ihn immer nur für die anderen getragen, mich auch hinter ihm verborgen. Gott kennt mich auch ohne ihn.

Der Traum ist zerbrochen, die Hände sind müde, aber meine Augen sind wach. Wenn die Irrtümer verbraucht sind, steht die Zeit still, ganz still. Häutungen, Schicht um Schicht löst sich ab, unbeirrt schaue ich zu. Jedes eigene Wollen mündet in den Schoß der Demut. Geläutert, einem höherem Wollen preisgegeben, höre ich das Wort, das in die Stille meiner Seele greift und sie zum Zittern bringt. Erst zaghaft, wie von zarten Flügeln gewiegt, dann immer schneller schwingend, vibrierend, bis zu einem hochfrequenten, feinen Sirren, das zum Ton wird.

Der Seelentanz hat begonnen.

Der Auftrag

Als ich vor dem Rat erschien, füllten warme Sonnenstrahlen
den glasüberdachten Kuppelbau, der durch unzählige
Grünpflanzen kühl und schattig dem Licht standhielt.
Hier war ich gerne.

Man hatte mich erwartet, willkommen geheißen, umarmt
und freudig begrüßt. „Da bist Du ja endlich!" „Wo warst
Du solange?" Der Rat besteht aus den Alten, aus acht
Männern genau genommen, und auch wenn jeder von
ihnen einen speziellen Blickwinkel auf den Lauf der Welt
pflegt, so begegnen sie einander doch alle um einen
gemeinsamen Mittelpunkt. Sie haben ihr Leben dem
Dienst an der Welt geweiht. Erst an jenem Tag wollen
sie ruhen, der die Seelen aller Menschen erlöst.

Stille durchdrang den Raum. Alle Aufmerksamkeit fiel
wie ein Schatten auf mich.

„Wir haben uns versammelt als Deine Vision begann. Wir
waren Zeugen Deiner Haltung, Zeugen Deiner Läuterung.
Wir wollen, dass die Kraft Deiner Vision auf den Boden
der Welt fällt. Wir wollen mit ihr arbeiten. Bitte schenke
uns die Worte Deines Erlebens!"

Mühelos setzt meine Stimme an, ich lausche den eigenen Worten:

„Die Vision beginnt in dem Moment als sich in meinem Bewusstsein eine Türe in eine übergroße Säulenhalle hinein öffnet. Es herrscht sattes, dunkelgraues Dämmerlicht. Hier fließt die Quelle, drei Geschoße unter der Erde. Klarstes Wasser, rundum gesäumt von einem natürlichen, steinernem Becken. Ich bin nackt, habe aber in einer unsichtbaren, linken Seitentasche ein kleines Büchlein verborgen. „Das Buch der Bücher" heißt es und es ist schon seit Urzeiten in meinem Besitz.

Mittlerweile ist sämtliches Licht aus der Halle gewichen. Ich tauche in das frische Nass, dahingleitend treibe ich unter die sprudelnde Quelle. Ich trinke, lasse mich am ganzen Körper vom Wasser berühren, tauche auf den Grund des Beckens, ertaste, erspüre den Boden meiner Seele und bin glücklich.

Außer mir gibt es hier kein Leben, ich bin ganz still und atme in die schwarze Nacht. Ich schwimme an den Beckenrand und stehe vor dem großen Portal, das seine Flügeltüren knarzend öffnet und eine breite, düstere Treppe preisgibt. Auf der Schwelle halte ich inne und weiß mit untrüglicher Sicherheit, dass ich den nächsten Schritt nicht ungeschehen machen kann. Ich bin enttarnt, kann nicht mehr unsichtbar sein.

Meine Seele schnurrt friedvoll, im Gleichklang mit der Nacht. Ich setze einen Schritt vor den anderen, nichts behindert meinen Aufstieg, nichts stört mich. Wie an einem magischen Gummiband gezogen, erfülle ich einen Plan. Bis ich ebenerdig stehe, die drei Untergeschoße hinter mir lassend, da plötzlich greift man mich an. Aus der mich umgebenden Schwärze strecken sich unerwartete Zeigefinger, greifen nach mir, berühren mich. Zu Hunderten kommen sie aus allen Richtungen, hinterlassen kleine Druckstellen auf meiner kühlen Haut. Die hungrigen Finger werden zu massigen Händen, zu greifenden, gierenden, suchenden Instrumenten eines Willens, der meinem fremd ist. Mit ihnen kommt die Angst. Die Schwärze wird jetzt dichter, die Hände bedrohlich. Man will mein „Buch der Bücher". Endlich geortet, endlich gefunden. Es ist unmöglich eine Gravur aus einem Stein zu holen, ohne den Stein zu brechen. Man kann mein Buch nicht stehlen, ohne mich zu zerstören.

Ich weiß, ich muss weiter, hinauf in den Kuppelbau.

Aus den Fingern und Händen sind Menschen geworden, die jetzt immer zahlreicher und drängender die weiteren Treppenstufen säumen. Ihre Not wird lauter, immer lauter. In dieser schreienden Schwärze bin ich zu einem Funken geworden - ein Funke, der den Aufstieg wagt. Hinauf in diesem Leitlicht, unbeirrbar und gerade. Hinter mir klammern sich Gestalten in den Schimmer. Mit jedem Stockwerk lasse ich einen Hautmantel fallen, lasse ihn zurück. Auch die Schreie hinter mir fallen in die Schwärze.

Ich setze einen Schritt vor den anderen, bin äußerst aufmerksam. Nichts weiter kann ich tun. Will mein Erleben nicht benennen, will es nicht werten oder verändern. Muss mich konzentrieren, muss in Bewegung bleiben, darf nicht denken, darf nicht fühlen. Schritt um Schritt! Schritt um Schritt, aufwärts. Ich bin unaufhaltbar leer, das ist meine einzige Chance. Mit leerem Herzen und leeren Händen erreiche ich die letzten Stufen. Dort wartete euer Bote auf mich."

Ich schaue mich in der Runde um. Befrage lautlos die Stille, die mich umgibt. Jetzt fühle ich mich gläsern, beinahe schwach.

„Du weißt, was es bedeutet, das Buch der Bücher bei sich zu tragen?", fragt der weißbärtige Greis zu meiner Linken. „Ich bin noch am Ordnen, verstehe erst allmählich, dass ich mit diesem Buch eine große Verantwortung trage."

Ein Alter, der bislang geschwiegen hatte, erhob seine Stimme: „Deine Verwirrung verstehen wir. Ich will Dir ordnen helfen. Das Buch, das Du bei Dir trägst, enthält das lebendige Wort. Du kannst damit arbeiten. Wenn Du es für einen Menschen sprichst, erlöst Du sein Leiden. Für jeden Menschen gibt es ein solches Wort. Es zu finden ist höchste Kunst, braucht größte Aufmerksamkeit und Liebe. Das erlösende Wort wirkt. Als Wortarbeiterin bist Du ein Mensch, der anderen Menschen das Wort bringt, es öffnet und damit heilt. Ich verbeuge mich vor Deiner Aufgabe und segne Dich."

Ich stehe unbewegt, die Seele entblößt, nehme jedes Wort zu mir. Auch mir wird die Erlösung zuteil, von der er eben gesprochen hatte. Ich lache mein tiefes Lachen, schaue mich um. Ich sehe in die freundlichen Augen der Alten, spüre den Segen, der von ihnen ausgeht. Sehe den blutroten Abendhimmel, an den sich eine untergehende Sonne klammert.

Und setze mein Wort an den Schluss: „Ja, ich will."

Die Häutung

Da, eines morgens, wache ich auf, getroffen von den
harten Lichtstrahlen eines neuen Tages und entblößt
jeder Gegenwehr. Ich bin älter geworden. Die Jahre sind
an mir vorbei geglitten, eines nach dem anderen, keines
hat mich je so unvermittelt angesprungen. Heute Morgen
ist mir kurz das Lachen vergangen.
Das 49. Jahr!

Gefühle und Gedanken fahren Karussell, sind chaotisch
verwoben mit dem heutigen Erwachen und bewegen sich
in Schleifen, die immer und immer wieder ihre Kreise
drehen. Ich lasse mich mitnehmen, sinke gleitend zurück
ins Zeitlose, bemühe Erinnerungen. Werfe ein Netz aus,
werfe es über mich und hole mich zurück an den Ort des
Jetzt, über die Schwelle, um zu sehen, wer ich geworden
bin. Tauche ein in die sich öffnenden Bilder, folge ihrem
Takt und schaue hingegeben ihrem Treiben zu.

Sitze auf dem Zaun der Zeit, wechsle die Welten, schaue
aus jeweils anderen Augen. Wehmut kann lachen. Trauer
nicht. Träume bersten, bevor neue entstehen. Ich bin zu
zweit, ein holographisches Bild mit Tiefe, das aus der
Alten ein Kind und aus dem Kind eine Alte macht. Das

Kind sitzt auf einem Felsen und lacht. Die Alte sattelt ein Pferd, behutsam, beinahe zärtlich und weint. Das Kind winkt, die Alte winkt zurück. Beide laufen aufeinander zu und fallen sich freudig in die Arme. So gerne fassen sie einander an den Händen. So schön, zu zweit zu träumen, miteinander zu denken, oder zu lachen, gemeinsam das Leben zu lieben. Früher immer ein Entweder, ein Oder, entweder das Kind, oder die Alte. Jetzt sind es zwei Paar Augen, zweierlei Lachen und Weinen im Gleichklang. Die Haut des Kindes ist vertraut und warm, die Alte streichelt darüber, ganz zart.

Die Kinderhaut hat sich gelöst und fällt in weißen Flocken, wie weicher Schnee. Die Häutung hat sich vollzogen. Die Zeit ist reif - eine frierende, dürre Reife. Ist das ein Abschied, ein Neubeginn?

Es soll nur ein Ortswechsel sein, die Seelenschwestern wissen das. Das Kind soll und muss Kind bleiben, aber es muss jetzt nicht mehr die Quelle hüten, das Feuer schüren und am Brennen halten, das Kind darf jetzt auf Sommerfrische gehen, darf in die Sonne lachen und Blumen pflücken. Die Alte hat die Wache übernommen, die Alte kümmert sich jetzt um Quelle und Feuer.

Unzählige Bilder wechseln ihre Oberflächen im Sekundentakt.

Das Kind ist manchmal schon so müde gewesen, hat zu lange, zu viel gearbeitet, sich gesorgt und gekümmert. Hat zuviel auf die Schultern geladen. Hat alles in Liebe eingebettet und zu seiner Sache werden lassen. Aus Liebe. Hat gekämpft und gezeigt, unter Einsatz seines Lebens, dass Liebe sich lohnt. Es ist ein gutes Kind. Verzagt und verzweifelt, verloren und ungeliebt, hat es alle Kraft investiert, hat sich nicht biegen oder brechen lassen und ist immer weiter und weiter gegangen.

Alle Kraft investiert und doch sind es wenige Menschen, die sich an seinem Feuer wärmen. Es muss jetzt Ruhe sein, ich, die Alte, lasse nicht mehr zu, dass dieses Kind verbraucht wird. Diesem Kind verdanke ich alles! Ich darf noch immer aus seinen Augen schauen, ich besuche es stündlich und wache darüber, dass es friedlich und froh an meinem Herzen ruht. Es geht ihm gut - heute!

Heute im 49. Jahr ist es mein Leben geworden. Ich kann es jetzt leben, zu meiner vollen Größe aufgerichtet, stehend, in meiner mir eigenen Kraft. Ich habe Haltung angenommen. Was daran tut so weh? Die Klarheit schneidet mir ins Fleisch. Das Entweder/Oder erübrigt sich mit dem heutigen Tag. Entweder das Kind, oder die Alte, entweder/oder als Lebensprinzip hat Platz gemacht einem Sowohl/Als auch, einem Miteinander, einem Zusammenfließen, einer Hingabe. Zeitgleich, innig und gleichwertig. Heute bin ich angekommen. Mit 49 Jahren bin ich in meiner Haut angekommen und fülle sie ganz aus. Präsent und dankbar. Keine Seelenwanderung und kein Wechselspiel mehr.

Wer bin ich im goldenen September, wer will ich im Altweibersommer sein? Wer bin ich, wenn die Wolken ziehen, wer, wenn ich alles von mir streife, was dem großen Spiel gehört?

Das Kind überreicht mir strahlend ein Geschenk, das formlos ist und fluoreszierend pulsiert. Es öffnet sich, sobald es meine Haut berührt. Ganz still. Weißes Licht überall. Das Kind bringt mir Lichttage, es hat noch nie gegeizt mit Licht. Ich fühle mich erfüllt, glücklich und ganz. Geflügelte Heiterkeit. Heute ein neuer Flugversuch. Meine Flügel sind trocken und vollständig ausgebreitet - das ist mein Tag. Ich fliege und die Liebe trägt.

Der Zeuge

Wenn ich die Augen schließe, in den inneren Spiegel schaue, kann ich den Bewegungen des Geistes und der Seele zuschauen. Das zuletzt Bewegte, das noch nicht Archivierte, die unerledigte Geschichte erscheinen erneut auf dem Bildschirm, werden neu eingelegt und vorgeführt. Natürlich kann man, wie auch nach einem guten Essen, das alles dem wohlfunktionierenden System von Körper, Geist und Seele überlassen. Verdauungsprozesse, die in einer intelligenten Ordnung ihren Platz haben oder finden.

Ich aber kann es nicht lassen. Ich schaue mir unentwegt beim Leben zu, benenne das Erlebte, unterlege es mit Namen, überlasse die Archivierung nicht blind unbewussten Vorgängen, sondern ordne eigenwillig und willkürlich. Ich lege Register an und achte sehr darauf, dass ich Gelerntes sauber destilliere und Fehlermeldungen ernst nehme. In dieser steten Erforschung meiner selbst bin ich unermüdlich und schonungslos, beinahe zwanghaft daran interessiert, dass wahr ist, was ich finde. Wahr, nichts weiter. Ich gebe keine Ruhe, seziere alles. Ich bin ein guter Verwerter. Die Bilder werden so lange betrachtet, die Worte so lange zerkaut, bis auch das letzte Quäntchen Gehalt gelernt ist.

Erst, wenn das Erlebte der Wahrheit, und nichts als der Wahrheit entspricht, dann kehrt Frieden ein, dann kann ich das Leben auf den Boden meiner Seele sinken lassen. Es darf dann den ihm gebührenden Platz in meinen Erinnerungen einnehmen. Ich will ein sauberes Leben haben, will am Ende meiner Tage in einen klaren Spiegel schauen können und in eine Nacht gleiten, die einen neuen Traum bereithält und sich nicht in Wiederholungsschleifen erschöpft.

Für die meisten Dinge des alltäglichen Lebens ist diese Art der Betrachtung auch kein Problem. Schwieriger wird es, wenn etwas für Tage oder Jahre Besitz von mir ergreifen will. Wenn der nüchterne Zeuge seine Arbeit nur zeitverschoben zum Erlebten beginnen kann. Das geschieht unter Schock, bei Krankheit, Unfall, oder ähnlichen in den Alltag einbrechenden Ereignissen. Dann dauert es länger.

Der letzte Film lief vier Wochen lang auf meiner inneren Leinwand, non-stop, ohne Pausen, bei Tag und bei Nacht. Sehr ermüdend, quälend, aber letztlich heilsam. Ein Autounfall, der mich unerwartet, gewaltsam aus meiner Zeitschiene katapultierte, mich aus meiner Haut riss, mich mit gläserner Seele durch die Schleier der Welten schauen ließ. Der ungebremste Aufprall setzte einen jähen Punkt. Meine ganze Aufmerksamkeit füllte diesen

Moment, der weit und breit wurde, der zerlief wie auslaufende, verwässerte Farbe. Immer weiter, immer weiter, schon umfasste er die ganze Welt, Äonen, Vergangenheit und Zukunft. Das ganze Leben sichtbar, alles lag offen, Schicht um Schicht entschleiert. Was ich hier geduldig in Worten und Sätzen in linearer Abfolge beschreibe, all das geschah gleichzeitig. Aus der Zeitschiene gehüpfte Gleichzeitigkeit, die mit einem Blick erfasst, mit einem Ton beschrieben ist. Gleichzeitigkeit, die mit gewaltsamer Gier in meine Seele drang. Die Klarheit dieses Moments sprengte alle Vorstellung, fast schmerzhaft offenbarte sie den Zustand meiner Seelenlandschaft. Der Spiegel zeigte keine Altlasten, keinen alten Seelenschmutz, keine Schlieren, keine Vergangenheit. Nur jetzt.

In Zeitlupe blieb die Welt stehen. Ihr Atem setzte einfach aus. Zeit ist nicht geradlinig. Umfassendes Gewahrsein. Schockgefrorene, erstarrte Bilder, Gleichzeitigkeit aller Sinne. Stimmen, die von überall her an mein Ohr drangen. Das Singen der Vögel, Lichtgestalten, Lichtspiegelungen, das gewaltsame Zerren an meinem Körper, der, während ich in Zeitlupe fiel, an die Türe gerissen wurde. Der Mund offen, ein schummriges Unterwasserbild, das Luftblasen entließ und keine neuen einsammelte. Die offenen Augen von außen gesehen, der Schmerz, die Tränen, die Fassungslosigkeit, stummes Entsetzen. Das Wissen, dass ich diesen Bildern bis zum Ende ausgesetzt bleiben würde und sie nicht abkürzen kann. Eine starre Zeitschiene, die ächzend auf die Bremse tritt, Fragen, die sich bildeten wie Luftblasen, Gesichter, die auftauchten und lächelten, die Sehnsucht nach meiner Familie, das Bewusstsein, dass ich Birkenstocks trug und es draußen in Kübeln schüttete. Samtige Nebelschichten im Weichzeichner, greifbar mit Fingern, gläsernes Gleiten durch Weltenkörper, als lichtes Glas erdacht, dennoch wusste ich, es bricht nicht. Schützend umfasst in einem weißen Lichtkranz, bedeutete man mir, dass mir nichts geschehen würde. Gelangweilte Pein, mich dem entstehenden Aufwand schuldlos stellen zu müssen. Das große Zittern, der Schrei, die Armeen von Ameisen, die an meinen Nervensträngen entlang krochen.

Dann die Stille, eine große Stille, ohne Nachklang, ohne Echo. Nur Stille und der prasselnde Regen. Und ein Gewahrsein von Energiefeldern, als hätte ich im Hinterkopf zusätzliche Augen, eine Aura, die sich meterlang um das Auto herum erstreckte. Ich wusste es vorher, ich wusste es doch schon kurz vorher, habe den sich nähernden Schatten in meinem Rücken gespürt. Habe meinem Gespür nicht vertraut, nicht darauf geachtet, es nicht ernst genommen. Als hätte die Zeit ein Loch für mich bereitgehalten, in das ich hineingefallen bin.

Der Moment des Aufpralls hat mich weitere 24 Stunden beschäftigt. Der Moment des Aufpralls mit der repeat-Taste im Zeitraffer zurückgespult, Aufprall auf Aufprall, tagfüllend, nachtfüllend. Jeder Versuch einzuschlafen endete Sekunden später mit einem Aufprall. Bis die Batterie leer war. Bis der Film durch war. Bis zum Ende. Es kann mürbe machen, einen Film anzuschauen bis die Spule brennt. Aber nur so geht es, will man selber nicht verbrennen. Jetzt kann ich an den Unfall denken und schaue auf leere Flächen. Was bleibt ist Dankbarkeit für diesen ewigen Moment und die Tatsache, mit einem Zittern davongekommen zu sein.

In den Wind gedacht

Die Vergangenheit wird immer kürzer, der Blick dorthin immer seltener. Wohin sollte ich schauen? Die Geschichten, die ein Fenster öffnen, wollen nicht mehr erzählt werden. Ja, ich vergesse den Inhalt. Nach und nach werden die Kulissen verschoben, schon bin ich nicht mehr auf dem neuesten Stand, im Haus meiner Kindheit ist die Einrichtung verkauft, die Bilder abgehängt, das Wasser abgestellt, die Tür steht offen. Kein Zuhause mehr, abweisende Leere. Ich habe vergessen, was ich dort hätte wollen oder finden können. Erinnerungen wollen nicht mehr bemüht werden. Vergangene Schatten sinken kraftlos in sich zusammen. Die schmerzhafte Erkenntnis, dass ich immer schon allein war.

Eine Wanderung durch die Zeit, von Kulisse zu Kulisse, aus uneinsehbaren Hintergründen hört man die Stimmen der Souffleusen, ein in den Wind geblasenes Lächeln. Es ist einerlei. Woher ich komme. Wohin ich gehe. Es gibt keinen Weg. Nur das Jetzt. Meine Füße suchen immer nur den nächsten Schritt. Ein Fuß vor den anderen. Das Jetzt wird weiter und hat keine scharfen Kanten mehr, immer im Zenit. Beseelte Sekunden, die in dünnen Fäden vom Himmel fallen, gezählte Sekunden. Zum Pflücken bereit.

Sekunden pflücken, zu Sträußen binden, sie lachenden Kindern in die Haare stecken. In austauschbarer Beliebigkeit. Es können die letzten Sekunden sein. Ich nehme sie in meine leeren Hände, liebkose sie voller Dankbarkeit. Leben ist so schön, auch wenn es nur wechselnde Kulissen sind.

Mein eigentliches Leben findet anderswo statt. Brennend, rotglühend, leichtfüßig, lachend. Ich wechsle die Formen und die Farben. Bin da. Liebkose die immer wieder neu entstehenden letzten Sekunden. Alles ist Leben. Überall. Halte die Verbindung zwischen den Welten, stille aus der Quelle meinen Durst. Bin nicht getrennt. Wenn jemand versteht, wer ich bin, was ist damit gewonnen?

Ich stehe am offenen Tor, das ich selber bin, nehme Farben, Gestalt und Gesten der Menschen an, die mich durchdringen. Niemand kann mich sehen, unsichtbar geboren, wirke ich im Verborgenen. Manchmal lege ich ein Lächeln in die Augen der Menschen, benetze sie mit freundlichen Tränen, streichle Not, spreche den Verkrüppelten, den Entwürdigten, den Verbitterten ein Erlösungswort ins Ohr. In meiner unsichtbaren Gestalt bin ich ein Wesen der Grenze, sitze auf dem Zaun der Zeit mit aufgemalten Verfallsdatum, in einer Welt, die für Wegwerfmenschen erfunden wurde.

Schmerzhafte Wehen erinnern an den Schrei, der in die Welt will. Ich muss ihn gebären. Atme hechelnd, atme tief, keine einfache Geburt. Dann lasse ich los, meine Sekundensträuße in den Händen haltend und werde für Momente sichtbar, werde zu einem Schrei, der die Welt umspannt. Raunende Stimmen orten mich mit rauen Zungen. Nur mit meiner Haut, dem gnädigen Mantel umhüllt, darunter nackt, bleibe ich dem ewigen Augenblick verpflichtet.

Die Menschen bleiben dieselben, nur die Namen ändern sich. Sekunden werden weiter in Körper gestopft, werden weiter ausgeschieden, entwertet, verbraucht, verbucht, vergeudet oder verschenkt. Nichts ändert sich, nur die Namen.

Bilderflut

Ich schreibe den Zeichen entlang, die sich unvermittelt und unvorhergesehen in meinem Gesichtsfeld als Buchstaben, Worte und Sätze zeigen. Ich schaue nicht rechts und auch nicht nach links, folge der gelegten Spur. Weiß nicht, wohin sie mich führt. Ich vertraue mich dem Fluss an, der mir Orte und Landschaften zeigt, mich ihre Tiefen und Höhen ausloten lässt, neue Geschichten erzählt, die Bilder kurzschließt und mich zuguterletzt aufgeräumt und glücklich zurücklässt. Man sagt mir, ich solle mir Themen ans Visier heften und an ihnen entlang schreiben. Das sei sinnvoller, nützlicher und griffiger. Für mich aber ist es nicht dasselbe.

Ich wundere mich nicht mehr, lasse mich überraschen, wohin mein Blick, mein Augenmerk gleitet. Es ist die Oberfläche, der Vordergrund, die mich abholen und einsteigen lassen. Ich folge der Kamerafahrt, egal wohin, solange ich schauen und staunen darf, solange mich niemand beeinträchtigt oder verbietend Einhalt fordert. Ich liebe es zwischen den Welten eine Brücke zu schlagen, liebe es, wenn Menschen, diese Brücke nutzend, über mich hinwegschreiten. Alles ist einen Blick wert, alles einen Gedanken. Wenn Worte herbeieilen, um die

Gedanken weiter zu tragen, zum Quantensprung ansetzen, über diese Welt hinweg springen, oder an einem elastischen Band zurück in die Mitte der Welt schnellen. Alles ist mir recht. Solange ich im Wunder verweilen darf.

Der wilde Ursprung gleich unter der Oberfläche, das ungeordnete, ungezähmte Ursprüngliche. Ohne Landkarte in der Hand, mit meinem Herzen als Peilsender. Die Trugbilder der Oberfläche greifen nicht nach meiner Seele. Austauschbare Bilder, die nach Belieben verschoben, nach rechts und links verdreht werden, Bilder, die einem imaginären Zauberstab folgend, der Oberfläche gehorchen.

Die Beliebigkeit der Menschen in einer beliebigen Kulisse. Es hat keine Bedeutung, wer wer ist, wer was sagt, wer was hört, wer wie lebt oder liebt. Das alles kann keine Wahrheit beanspruchen, wenn der seidene Seelenfaden nicht hält. Wo sind die losen Enden, wer will sie wieder zusammenfügen, wer sie heilen? Die Durchsichtigkeit allen Tuns, die Bedeutungslosigkeit der Lebenspläne. Aus dem Netz gefallen, aus der Zeit gerutscht. Wabernde Felder, in bunter, grauer Menschenhaut, rücken sich in Szene, schieben ihr kinderliedweiches Leben durch die Straßen. Zeigt mir euer wahres Gesicht, lasst es mich mit Händen berühren, es einatmen, das Gesicht hinter den

Dingen, ich will es sehen, klar und ungeschönt sehen, in die tiefen Augen schauen, im gleichen Takt atmen. Ich will es in meinen Händen halten und mit Tränen benetzen. Meine Hände sind so oft gebunden, wie soll ich das ertragen? Wie kann ich euch erinnern, wie euch wecken, wie den Takt des kosmischen Reigens erklären. Ich rufe hinaus, mit voller Stimme, rufe, rufe, bis meine Kehle brennt, bis meine Stimme versagt.

Dann schreibe ich, schreibe verzweifelt. Schreibe gegen Uhren an, gegen den Terror, den sie diktieren. All das dissonante Ticken läuft Amok, spült die Freude weg. Aufgezogene Lebensuhren, die sich im Kreise drehen, Figuren in Bewegung haltend, im Tanzschritt der Schatten. Wohin sie drehen, hat keine Bedeutung. Ein Kreistanz, im Takt der Uhren. Bunt und schrill. Wie lautet der Auftrag? Wie viel Zeit steht zur Verfügung?

Keine Uhr wird zweimal aufgezogen. Was ist zu tun, was ist zu tun? Die Uhren ticken laut. Wem die Stunde schlägt. Wen die Zeit erschlägt. Schnell, die Zeit zerrinnt, brüchig in vollem Klang. Mitten in der Bewegung halte ich inne. Stehe still. Träumende Schatten, bewegungslos und starr, schlingern auf fettiger Spur ins Nichts. Menschen fallen aus den Bildern, werden schnell durch andere ersetzt. Verbrauchte Bilder, verbrauchte Menschen. Eine Momentaufnahme, nur eine Momentaufnahme, es gibt derer unendlich viele. Mitten in einem Atemzug, in einer Tätigkeit oder in einer Bewegung. Das Rad dreht sich, ein Tanz der Götter, ein Tanz, der nur Tanz sein will. Auch der Tod im Reigen. Alles gefasst in einem einzigen Augenblick, gedehnte Zeit.

Der Tod geht umher, geht spazieren, berührt mit unsichtbaren Fingern ein Gesicht, dann noch eines, immer weiter. Unaufhörlich. Allgegenwärtig. Pausenlos.

Warten bis die Bilderflut abbricht und den leeren Raum freigibt. Eine köstliche Leere.

Familienbande

Der Vertrag ist ausgelaufen, der Versuch eine neue
Regelung zu finden, gescheitert. Eine Kündigung, um
klare Grenzen zu finden, ist ausgeblieben. Die Stahlringe
um die Herzen zeigen keinerlei Abnutzung oder Risse.
Derweil haben sich aber essigsaure, kleine Löcher in
unsere Familiengeschichte gefressen, ich muss aufpassen,
muss sie im Auge behalten. Ich weiß, sie werden größer,
Geschichten, Bilder und Erinnerungen werden weggesogen,
in ein großes Nichts. Es kommt der Zeitpunkt, an dem ich
mich nicht einmal mehr daran erinnern werde, dass es je
eine Geschichte gab. Das Nichts wird größer, überall
begegne ich ihm. Neulich von Bekannten nach Geschwistern
befragt, hörte ich mich sagen: „Ich bin ein Einzelkind"!
Als mir dieser Satz später bewusst wurde, war ich zu Tode
erschrocken.

Erinnerungen muss man lebendig halten, sie müssen
begossen, gehegt und gepflegt werden. Sonst teilen sie
das Schicksal der Pflanzen. Sie gehen ein, vertrocknen,
ohne Aufbegehren, einfach so. Noch sehe ich mich unsere
Geschichte immer wieder in Gedanken beleben. Ich
erzähle mir die Geschichten unserer Kindheit, unserer
Eltern und Großeltern, bemühe Erinnerungen, verfolge

ein Lachen oder auch ein Weinen. Auf Umwegen komme ich dann vielleicht an der Stelle vorbei, die mir sagt: „Es gibt einen Bruder".

Dieser Satz gibt sich immer sperriger preis. Er will nicht mehr bemüht werden. Der Sog des altvertrauten Seelenlochs wird stärker. Das kostet Kraft. Ich will mich dem nicht länger widersetzen. Etwas Scheidendes aufzuhalten, sei es auch nur ein Wort, das sich anschickt zu sterben, ist vergebliche Mühe. Ich gebe nach.

Grausam bist Du, Wolf im Schafspelz! Bis zur Unkenntlichkeit verkleidet, spielst Du mit mir Katz und Maus. Die Verankerungen der Familienbande lösen sich aus den Scharnieren, Berührungspunkte brechen ersatzlos ab, rostig und verbraucht. Ein einstiges Ja konvertiert zum Nein. Alles zerfällt in entgegengesetzte Richtungen, ohne Rest. Winken hilft nicht. Weinen auch nicht. Tief durchatmend renne ich durch altgewohnte Räume, die mir den Abschied erleichtern. Wer bist du, dass du an mir ziehst und zerrst, mich verrätst und verurteilst und mir damit die Freude stiehlst? Ich will nicht gegen das Vergessen anschreiben. Muss mich nur ins Weinen fallenlassen.

Leere, weiße Blätter sind zurückgeblieben, ohne Zeichen. Wir denken aneinander vorbei. Ich habe Deinem „Ich" nichts entgegenzusetzen. Lose Enden flattern im Wind, ausgehängt, die gespannten Nabelschnüre gekappt oder zerrissen. Meine Liebe, mein Vertrauen, geopfert auf dem Altar Deiner Eitelkeiten. Familie, nur ein Wort. Ich erinnere mich an die Geschichte über den Brudermord. Auf welchem Papier steht der Schwesternmord? Mein Bruder ein Papiertiger. Ein welk gewordener Traum, er zerbricht wie dünnes Glas. Keine Familie.

Du warst meine Familie, über viele Jahre hatte ich nur Dich. Dir hatte ich vertraut. Du warst in meinem Leben, ich hatte Dich hereingelassen, mich preisgegeben. Hatte mich auf Dich verlassen. Ich hoffte, Deine Hände würden mich in meiner Einsamkeit halten. Was für eine Enttäuschung! Grausame, würdelose Bloßstellung meiner Seele. Großgeschriebener Verrat, nicht nur einmal. Du wusstest darum, ich war die kleine Schwester, aber Deine eitlen Machtspiele haben das verhindert.

Nichts rechtfertigt Dein Verhalten. Deine Kinder haben Angst vor uns und meiden uns. Welche Geschichten hast Du erzählt? Welches Urteil gefällt? Einfach nur so? Wofür? Ich hoffe, Du zahlst auch den Preis dafür.

Das Urteil hängt tief und wiegt schwer. Die losen Enden verweht der Wind, an den Enden zerfetzt von kantigen Böen. Kein Bild der Hoffnung. Einfach nur Leere. Auch meine Kinder werden sagen: „Keine Familie". Erzwungene Bindungslosigkeit, vererbte Einsamkeiten, gestohlene Kindheiten? Gegen Urteile kann und will ich nicht ankämpfen, ich kann sie nur durch weit geöffnete Fenster und Türen ziehen lassen und mich widerstandslos und staunend bereit machen für den Schmerz, der heilt.

Keine Welt miteinander, kein gemeinsames Leben, kein Teilen, kein Lachen, keine Hoffnung. Mutters Bild schaut mich an, mit weiten, ratlosen Augen. Du standest unter ihrem bedingungslosem Schutz, während ich frierend in der Ecke kauerte. Schulterzuckend stehe ich davor. Für dieses Spiel stehe ich nicht mehr zur Verfügung.

All das beschreibt nur, es hilft nicht. Die Hoffnung tropft aus der Seele, das Vertrauen ist verspielt, Dein Verrat wiegt schwer. Das Nichts wächst. Die Löcher verbinden sich zu Kratern. Ich trete nicht mehr an, um mich treten zu lassen.

Heute sage ich adieu.

Ich und Du

Mein ganzes Leben schon beschäftige ich mich mit der Suche nach dem „Ich". Was ist das, ein „Ich"? „Ich" ist das Wort, das wir am meisten verwenden. Tagein, tagaus, unser ganzes Leben lang, bemühen wir uns eine Definition der eigenen Person zu finden. Die meisten Menschen verbuchen schon in frühen Jahren einen Erfolg, einige wenige verbringen ihr Leben damit. Manch einer scheitert daran. Gelingt die Jagd aber, werden wir stolzer Besitzer einer Identität. Was ist denn das, eine Identität? Vielleicht eine irgendwie geartete Wesenheit, in der Mitte meines Bewusstseins, die mir sagt, wer ich bin. Es ist nicht so, dass das Wissen darum besondere Belohnungen mit sich brächte. Es versetzt uns nur in die Lage mitspielen zu dürfen. Identität, das ist so etwas wie ein Ausweis. Wenn wir wissen, wer wir sind, dürfen wir dazugehören und uns gut fühlen. Dann ist völlig klar, wie was zu laufen hat, wer gesellschaftsfähig ist und wer nicht, was gut und was schlecht ist, wer welche Zuordnung erfährt, wer welches Urteil, wer gesund ist und wer krank. Alles ist klar, wenn die jeweiligen Identitäten kompatibel sind. Wir werden zu einem glatten, gestanzten und normierten Abbild. Man weiß dann, wen man vor sich hat, wie man mit diesem Menschen umzugehen hat, was man zu tun und zu lassen hat. Wir passen in eine Schachtel. Dieser Preis ist uns nicht zu hoch, denn wir sind nicht allein. Und wir tun nahezu alles, um nicht allein zu sein. Dazugehören, um jeden Preis.

Ganze Wissenschaftszweige jagen dem „Ich" hinterher, vermessen, analysieren und katalogisieren es. Man legt ihm eine Schablone an, rechnet seine Dichte, Konsistenz, Größe, Volumen, Textur, seine Beschaffenheit, sein Vorkommen und seine mentalen und emotionalen Qualitäten aus. Die Ergebnisse dieser Erforschung steckt man in statistische Zahlen. Was das bringt? Na ja, man kennt die erträglichen oder unerträglichen Abweichungen, man weiß, ob das eigene Sein noch hinnehmbar, noch sozialverträglich ist, weiß, ob oder dass man gestört ist. Und vielleicht auch noch, wer diesen Defekt verursacht und damit verschuldet hat. Ob der Defekt behebbar ist oder ob man als nicht zumutbar weggesperrt werden muss. Wie gut, dass es solche Forscher gibt, ein Segen für allzu menschlich herumirrende Geister! Wo kämen wir hin, wenn jeder Mensch auf seine ihm ur-eigene Art leben wollte. Ein bisschen Ordnung muss schon sein!

Es ist ein Rätsel. Vielleicht sollte man nicht allzu intensiv darüber nachdenken, die gewonnene Selbstsicherheit nicht auf's Spiel setzen, nicht darüber sprechen. Ich klopfe an so viele Türen, locke „Ich's" heraus und mache mich damit unbeliebt. Mit jedem Klopfen berühre ich Unausgesprochenes, wecke schlummernde Fragezeichen, erinnere an verborgene Dinge. Ich suche Augenpaare nach neugierigen Funken ab, finde dabei oft genug nur ausgehöhlte Leidenschaften und leblose Nichtigkeiten. Selten ein ausgelassenes Lachen oder unbändige Freude, oft genug aber Empörung, Wut und gar Hass. Die Reaktionen sind vielfältig, aber alle diese „Ich's" ziehen, gewohnheitsmäßig und unhinterfragt, ihre seit vielen Jahren vertrauten Grenzen. Ich sollte alle diese Grenzen berücksichtigen, respektieren und hinnehmen. Ich tue das nicht wirklich gerne, weil mich fremde Grenzen beengen. Ich fühle mich in meiner Lebenskraft beschnitten, wenn ich auf Schritt und Tritt und bei jeder eigenen Bewegung an immer neue Grenzen stoße. Und jede dieser Grenzen ist eine Grenze für die Liebe. Liebe aber ist für mich grenzenlos. Aber damit berühre ich bereits wieder eine weitere Grenze.

Ich will mir nicht die Grenzen der anderen zu eigen machen. Ich will nicht vor jeder Grenze Halt machen und den einengenden Beteuerungen der Anderen Glauben schenken und nachgeben. Dagegen wehre ich mich. Ich will mich auch nicht selber, selbstzufrieden, willenlos und satt, hinter wehrhaften Mauern und Grenzen zurückziehen und meine Hoffnung auf ein menschliches Miteinander begraben. Ich will anderen „Ich's" begegnen,

unvoreingenommen und offen, neugierig auf andere
Lebenskraft und auf anderes Lachen. Ich träume meinen
Traum von einer angstfreien Zwischenmenschlichkeit
schon lange. Ich träume vom Vergessen der Vorbehalte,
des Hohns, der Geringschätzung, der Vorsicht, der Angst,
der Urteile und der Verletzungen. Ich träume vom
Vergessen der Trennlinien, der Kälte und der Not. Will
einen nackten, ungewissen Neuanfang, den Beginn eines
neuen Tages unter neuen Vorzeichen. Eine neue
Zeitrechnung, ein Anfang, unter dem Zeichen der Nähe,
der Freude und der Dankbarkeit. Wir alle haben ein
Leben geschenkt bekommen und nehmen es nicht ernst,
nehmen es nicht wirklich an. Leichtfertig und unachtsam
verschwenden wir uns in Nichtigkeiten, verlieren allzu
schnell Wesentliches aus den Augen.

Die Welt wimmelt vor Ich's. Was so viele unhinterfragt
und selbstverständlich ihr Leben nennen, lässt mich ratlos
zurück. Es kommt darauf an, wozu ich „Ich" sagen will. Ich
verfüge über kein fest installiertes, klar umschriebenes
„Ich", habe keine Wesenheit in mir, die klar umgrenzt und
definiert, ortsgebunden ihr Dasein fristet. Nein, mein
innerer Standort verändert sich jeden Tag. Ich muss jeden
Tag neu finden, wo mein „Ich" sich verborgen hält, muss
es jeden Tag neu orten, muss entscheiden, wer ich heute
sein will. Damit bin ich auch für andere Menschen schwerer
greifbar und das nehmen mir nicht wenige übel.

So viele Menschen erzählen mir von ihren abgestandenen, abgestorbenen Beziehungen, in denen die Liebe, die Achtsamkeit und der Respekt fehlen und die deshalb wie zerschlissene, alte Kleidung entsorgt werden. Sie fragen mich, was man denn dagegen tun könne, fragen mich, wie sie mit diesen schicksalhaften Ereignissen in ihrem Leben zurechtkommen sollen. Dabei geht es immer nur darum, neu zu lernen, das Leben ernst zu nehmen und damit an jedem Tag und in jeder Stunde neu zu beginnen. So zu leben, als hätten wir nur diesen einen Tag!

Dann leben wir diesen einen Tag mit ganzer Kraft, mit frischen Augen, mit offenem Herzen und mit weiten Sinnen. Andere Menschen auf diese Art zu betrachten, segnet das Leben und macht es schön und rund.

Ein Teufelskreis

Ein Alb reitet mich bis in das frühe Morgengrauen. Er
verfolgt mich bis ins Fadenkreuz der Ausweglosigkeit.
Bleischwer und klebrig ziehen Traumbilder Fäden.
Rücksichtslos versenken sie sich in mich.....

Ein Zug rollt auf Schienen, nur ein Wagen, eine Lok. Folgt
der vorgezeichneten Spur. Tok, tok, tok, immer geradeaus.
Meine Familie befindet sich in diesem Zug. Alles gaukelt
Behaglichkeit vor. Einlullend. Monoton. Durch eine öde
Landschaft, die aus Nichts besteht. Leere, wohin das Auge
schaut. Ein paar wenige Sträucher, kaum Gras, keine
Straßen. Alles in graubraun gehalten. In der Ferne sieht
man Schienen. Auch hier fahren Züge, in dieselbe Richtung,
auf vorgezeichneter Spur. Wie kommen wir in diesen Zug?
Waren wir Stunden, Tage oder Wochen unterwegs? Zu
müde, um auch nur daran zu denken, Fragen zu stellen.

Wir scheinen anzukommen. Eine kleine unbemannte
Wärteranlage, gebaut wie ein Playmobil-Haus,
Leichtbauweise. Der Zug hält an. Plötzlich zerfällt der
Zug, in kleinste Einzelteile, bis nichts mehr davon übrig
bleibt. Selbst die Schienen lösen sich in ein Nichts auf.
Wir stehen fassungslos, halten einander an den Händen.

Wie sind wir hierher gekommen? Unsere Erinnerung daran ist ausgelöscht. Kein Mensch weit und breit zu sehen. Die Kinder weinen. Hü-hott schreit der Alb, er reitet meine Seele und treibt damit die Angst in meine Blutbahn. Nach allen Seiten schauen wir uns um, mein Mann und ich nehmen die Kinder in die Mitte. Instinktive Schutzhaltung. Da wird eine Stimme aus dem Off hörbar. Sie sagt: „Wir haben euch ein Haus zugewiesen. Ihr dürft es nicht verlassen." Noch bevor die Stimme endet, wächst unweit, vor unseren Augen, ein stattliches Haus aus dem Boden. Die Tür weit offen.

Zitternd betreten wir die Schwelle, es ist ein Hütehaus. Es scheint Augen und Ohren zu haben, scheint mit Sensoren ausgestattet. Kaum sind wir eingetreten, schließt sich die Türe automatisch. Wir sitzen in der Falle! Das Haus lacht. Aber jetzt werde ich ganz ruhig, schaue meinen Mann an. Er versteht wortlos.

Unsere Instinkte sind erwacht. Wir wissen beide, dass jetzt ein Kampf beginnt. So klein geben wir nicht bei. Wir gehen durch die Räume, schauen uns alles an. Jedes Detail. Nirgendwo ist auch nur ein Riss in der Mauer, nirgendwo ein zu öffnendes Fenster, nirgendwo ein Gang oder ein vergessener Schacht zu sehen. Das ist eine Wirklichkeit, die an einen Horror-Film erinnert. Fetzen von Bildern, die einem anderen Hirn entstammen. Was sollen wir tun?

Wir warten ab, ob das Haus einen eigenen Rhythmus entwickelt, ob es ein eigenes Leben hat, prüfen, ob Schlafsequenzen vorhanden sind und auch woher die Stimme kommen könnte. Unsere Bemühungen sind erfolglos. Wir setzen uns in die Mitte des lichtesten Raumes, die Kinder in unserer Mitte und suchen die innere Ruhe. Wir suchen nicht mehr im Außen, sondern vielmehr in unserem inneren Raum nach einer Lösung. Und plötzlich, ganz scheu und unscheinbar, gibt sie sich zu erkennen. „Ich hab sie gefunden, die Lösung!" Ich flüstere die Antwort. „Wenn es das Haus gar nicht gibt, dann können wir es ignorieren. Wir gehen durch die Wände! Wir müssen unseren Geist ganz leer machen, keinen einzigen Gedanken zulassen".

Und genau das tun wir, jeder ein Kind hinter sich her ziehend. Das Haus verschwindet spurlos, wie eine Fata Morgana. Wir laufen beherzten Schrittes in die Kulisse, nichts als Ödnis, kein belebter Flecken Erde, grau in grau, immer wieder Moorlöcher. Was ist das für eine Realität? Die Kinder weinen. Kein Weg sichtbar. Wie erklärt sich unsere Freude? Wir sind nicht im mindesten kraft- oder hoffnungslos.
Endlos weit sind wir gegangen, in leeren Landschaften, in trübem Licht gebadet, von hohntriefendem Gelächter begleitet, den Launen einer Natur ausgesetzt, die einen eigenen Willen zu haben scheint. Im Trott, die aufkeimende

Erschöpfung erstickend, sehen wir eine Kutsche mit eingespanntem Pferd stehen. Eine offene Einladung, eine weitere Fata Morgana, eine weitere Illusion? Wir streicheln das Pferd und folgen dann erschöpft und widerspruchslos der Einladung. Wir setzen uns hinein, nur für einen Moment! Nur für einen Moment!

Wir müssen kurz eingeschlafen sein. Schon hat sich die Kutsche mit dem Pferd in einen auf festen Schienen rollenden Zug verwandelt. Jetzt hat unser Entsetzen keinen Namen. Wir sind dieses Possenstück so leid, wir sind so müde. Man will uns in einer Realität gefangen halten, in der die Bilder wie Pilze aus der Erde wachsen. Wenn das Haus nicht wirklich war, wenn die Kutsche mitsamt dem Pferd nicht wirklich waren, warum sollten dann dieser Zug und die Landschaft wirklich sein? Mein Wille bäumt sich auf. Ich spreche ein lichtgetränktes „Nein!", setze mich auf eine Sitzlehne, wie auf einen imaginären Kutschbock und halte die imaginären Zügel des Zuges in meinen Händen. Er verliert an Fahrt bis er stehen bleibt. Und plötzlich ist er ins Nichts entschwunden. Alles hat sich aufgelöst, auch die Landschaft.

Wir sind frei, wir schauen uns glücklich an. War dieses Rätsel eine Prüfung? Haben wir sie bestanden? Ich schaue uns an, alle sind heil geblieben.

Das Erwachen an diesem Morgen kommt gnädig. Ich wache in eine Realität hinein auf, wo es eine Sonne gibt, wo es lebendig pulsiert und klingt und wo die Farbenfülle die Netzhaut sprengt. Und wo es Stille gibt.

Das andere Ufer

Eine Stadt lädt ein. Ein frohes Sommerfest soll gefeiert werden. Obwohl ich nicht gemacht bin für verordnete Fröhlichkeit, bin ich trotzdem hingegangen. Warum nicht? Mitten im Sommer, bei herrlichem Wetter folgen wir der Einladung, bereit unser Miteinander zu teilen, anderen zu begegnen und uns am Stapellauf der Worte und Sätze zu beteiligen. Den heißatmenden Sommerabend auf der Haut, setzen wir uns in der Mitte des lang gestreckten Stadtplatzes in ein Eiscafé, in vorderster Reihe, in Tuchfühlung mit den Menschen, einen Fixpunkt schaffend in diesem Fluss der Masse, von dem aus wir schauen und beobachten können, ohne Teil davon zu sein. Ein Jahrmarkt, ein Rummel, ein großes Schieben und Gedränge, Kinderwägen, Luftballons, Musikbands, die allesamt akustische Schnittmengen in meine Ohren blasen, Geräuschkulissen, die sich körperverletzend in den Raum schieben. Bayrische Gerüche nach heißem Leberkas, nach Schweinshaxen und nach Bier. Beim Bier kommt man zusammen, mit dem Bier kommt die Gemütlichkeit. Jedes Geräusch, jede Bewegung, jedes Bild zieht in eine andere Richtung, braucht meine Aufmerksamkeit, will meine Augen und lädt mich ein, Teil des Stroms zu werden. Meine Aufmerksamkeit aber

will nach innen, will schauen. Ich folge meinen inneren
Augen, ziehe meine Kreise und komme zur Ruhe.

Und schaue. Ich lasse mich treiben, schwimme in den
Bewegungen, die die Menschen vorgeben, sinke in
vorbeiziehende Augen, tauche unter. Treibsandiges
Gefühl. So sitze ich und schaue, nichts weiter. Und werde
im Schauen kleiner. Was ich sehe, was ich finde, schaudert
mich. Ist es möglich? Unbewohnte Körper, mit schweren
Tüchern verhängte Seelen, bleischweres Lachen, Münder,
die aus dem Gesicht fallen, Worte, die, sobald sie
gesprochen sind, davonrennen.

Kugelrunde Bäuche, die weit über den Gürtel fallend, den
Körper hinter sich herziehen. Das knappe Shirt, jede Falte
abzeichnend, um den dicken Leib gespannt. Orangenhaut
in kurzen Hosen. Fetttaschen an Armen und Beinen, die sich
am Körper blasig reiben. Hochhackige, feinriemige Schuhe,
die über Kopfsteinpflaster staksen. Minderjährige
Grüppchen, die das bisherige, von den Eltern
vorgeschriebene Brav-Sein mit Bierflasche und Zigarette
bekämpfen. Bettelarme Menschen, die sich einreihen in
den Fluss, ihn tief einatmen, dazugehören, die Bewegungen
der anderen übernehmen. Dann die Schönen der Nacht,
die Gepflegten, die Wohlhabenden, mit dem besten
Gewand angetan, frisch vom Friseur, in Parfum gebadet,
die Nägel lackiert, mit Schmuck behängt, Reichtum und

Wohlstand, Sattheit und Selbstsicherheit zeigend. Sich sehen lassen, ohne da zu sein. Leere Augen, so viele leere Augen, früher vielleicht von fragenden Kinderseelen bewohnt.

Ein Jahrmarkt der Eitelkeiten. Ein zutiefst menschlicher Rahmen. Dennoch, meine Augen tränen, meine Seele brennt. Ich werte nicht, was ich sehe. Beschönige nicht, urteile nicht, lasse die mildernden Umstände, das mitleidige, barmherzige Vokabular beiseite. Schaue in den Spiegel, der gnadenlos aushängt. Greife nach den in den Wind gestreuten Worten, abgerissene Fetzen eines Satzes, nach verloren gegangenen Buchstaben, einzeln in die Irre gelaufen, oder verloren gegangen in den labyrinthischen Gärten der Seele. Freundliche Floskeln, gelernte Formeln. Worte, in den Wind gestreut, an bekannte Gesichter verteilt. Worte, die gesprochen und gemeint sind, aber den Adressaten nicht erreichen. Ich möchte durch die Straßen laufen, mit einem Schmetterlingsnetz in den Händen, den Buchstaben hinterhereilen, sie einfangen und sammeln, sie trösten und wieder sinnhaft zusammenfügen.

Der Fluss der vorbeiziehenden Körper ist ungebrochen. Dicht, klebrig und drängend. Der Zwischenraum, den die Seele zum Atmen braucht, vergessen. Die Worte, die gerne in geordneten und gepflegten Häusern wohnen, haben die Türe offen lassend, die Wohnstatt verlassen. Haben der Sprachlosigkeit Platz gemacht und einer satten Unbeholfenheit alle Macht übertragen. So viele Menschen reihen sich, stumm geworden, in den Tanz der Schatten, haben den freudvollen Funken ihrer Augen, ihr Lachen verkauft. Vergessen nach und nach was Glück ist und was es bedeutet am Leben zu sein.

Die Menschen sind wie Schnecken, die ihr Haus geschultert haben, es durch die Welt tragen, eine breite, schwere Spur hinter sich herziehend. Jedes Haus eine kleine Insel, isoliert in die leere Landschaft gestellt, durch Abgründe voneinander getrennt. Manche in Rufweite, manche in Sichtweite oder am Horizont in ihrer Inselhaftigkeit erkennbar, die meisten aber unerreichbar und ohne jede Verbindung zu einer Nachbarinsel.

Ich kann sehen, wie sie sich abmühen, über den Abgrund hinweg Worte zu werfen, die am anderen Ufer, auf der anderen Seite des Abgrundes bei den Menschen nicht ankommen, die abstürzen, zur Erde fallen und dort achtlos zertreten werden. Die Rezeptoren verkümmert, die Andockstellen mit alltäglichen Wichtigkeiten verstellt. Jeder verfügt über einen reichhaltigen Wortschatz und ein mit Erfahrung und Gewissheit gefülltes Archiv. Aber aus diesem Rohstoff Brücken zu bauen, hinüber zum anderen Menschen, ist ein verzweifeltes, oft vergebliches Unterfangen.

Worte sind von unterschiedlichster Konsistenz, manche sind erdig und robust, manche flüchtig, andere dienen den Menschen, wieder andere verletzen sie und sind kräftezehrend. Wortbrücken tragen nicht selbstverständlich, verminte Worte sprengen immer wieder große Stücke aus den verbindenden Bauwerken. So dass es immer wieder und immer öfter Zeiten der Brückenlosigkeit gibt, Zeiten großer Isolierung und Einsamkeit. Menschen behelfen sich, wenigstens zeitweise, mit Notlösungen. Wenn Worte nicht tragen, nicht hinüberreichen, fallen sie zurück auf den eigenen Boden. Dann werden sie zu Sätzen, zu ganzen Satzgebinden, dann führen die Menschen Monologe, erzählen die verbrauchten Geschichten sich selber. Eingehüllt in gütige Worthülsen, die nicht mehr nähren.

Worte verlieren an Kraft, sind zweifelhaften, völlig beliebigen Deutungen anderer Menschen ausgesetzt. Der zwischenmenschliche Funke aufgeblasen zu einem Spiel aus festgezurrten Vorschriften und Gewohnheiten. Jeder bleibt allein, hoffnungslos allein, seinen eigenen Geschichten versprochen, bis zum Erbrechen dem monotonen Singsang des selbstmitleidigen Lamentierens ausgeliefert. Die Verbindungen gekappt, unwiderruflich.

Aus vergilbten Flugblättern Flugzeuge bauen, mit Worterguüssen bemalt, sie über die Abgründe fliegen lassen, ans andere Ufer. Manche kommen tatsächlich an, bringen die Botschaft aber nur fragmentiert, manche schluckt der hungrige Abgrund. Andere binden ihre wesentlichen Worte an Träumen fest, schicken sie telepathisch. Es gibt keine Sicherheit des Transfers, noch die, die Antwort lesen und verstehen zu können. Wieder andere arbeiten mit Spiegelungen, oder entwickeln ein Morsealphabet. Wieder andere drehen, Minute um Minute und Stunde um Stunde, ihre Gebetsmühlen, in der Hoffnung, die Schwingungen ihrer Worte würden sich zartflügelig erheben und sich wie von selbst übermitteln. Prinzip Hoffnung, Prinzip Glaube.

Am Anfang war das Wort. Das Wort war bei Gott. Und Gott war das Wort.
Aber Gott ist in den Abgrund gefallen.

Der Ruf

Ich rufe hinaus in eine unbegrenzte, unüberschaubare Weite, ich schreibe an gegen Entmenschlichung, gegen Entwürdigung und gegen Kälte. Ich taste mich jeden Morgen konturenlos und ohne Haut an den Tag heran, schmecke die frühe Lust nach Leben. Verweile an der Nahtstelle zwischen innen und außen.

Der Tag streckt sich, ich mich mit ihm. Alles gerät in Bewegung und verändert sich. Ich will wachsen mit der Veränderung, strecke mich nach ihr aus. Immer bereit für die Begegnung mit dem Wunderbaren. Ich stehe breitbeinig im Wind, wartend, mich sehnend nach Menschen, die den Funken erkennen, ihn würdigen, ihn aufnehmen und weitertragen - achtsam, behutsam und liebend. Vorsichtig das Feuer schüren, lachend in die Glut blasen, bis kleine Feuerzungen aufsteigen und die Herzen ergreifen.

Mich dürstet nach lodernden Großbränden, nach glucksendem Lachen, nach perlender Freude, mich dürstet nach Gesprächen, die die Seele berühren, die Räume und immer weitere Räume öffnen und Einsichten, Erkenntnisse und Wahrheiten preisgeben.

Bitte, geht sorgsam mit meiner Zeit um! Ich habe nur diese. Und doch bin ich bereit sie mit euch zu teilen, sie zu verschenken. Ihr könnt mir vertrauen, mir eure Freundlichkeit vorbeibringen. Ich bin wie ein Durchlauferhitzer - das Leben und die Menschen durchlaufen mich, ich reichere sie dabei mit Lebendigkeit und Liebe an, um sie anschließend wieder in die Welt zu entlassen.

Keine Vergeudung mehr! Beim Erwachen schon eine große Dankbarkeit für das Morgenlicht, für den neuen Tag. Noch ein Tag, welch ein Geschenk. Ich will ihn nutzen, ihn verdichten und neue, kleine Freuden in den Tag schicken. Jeder Tag hat seine Fragen, jeder Tag auch seine Antworten. Die tägliche Alltagsroutine puffert die Intensität ab, mildert die Wirklichkeit. Es gilt nicht mehr zu überleben, sondern zu leben. Mit dem Wunder, mit dem Überwältigenden jedes einzelnen Tages, jedes einzelnen Momentes, mit dem Jetzt.

Schon so lange verbinde ich die losen Einzelteile, sammle verloren gegangene Seelen ein, baue Brücken, um ein Zueinanderfinden der Menschen zu ermöglichen. Spende tragende Netze, vermittle Einsichten und erlösende Worte, damit die Menschen sich selber finden. Ich installiere Schutzräume, damit die Samen Boden finden. Es muss gelingen, der Entmenschlichung Einhalt zu gebieten. Schon zu lange sind die gesellschaftlich und zwischenmenschlich auferlegten Regeln verinnerlicht. Sie werden ohne jeden Zweifel für wahr und sinnvoll gehalten. Sie zeigen den erlaubten modus vivendi, haben gewohnheitsmäßiges Wohnrecht, schützen vor Entgleisung und Entblößung. Aber lassen die Menschen im Gegenzug brav in Schienen laufen, vorhersehbar und kontrollierbar.

Ich will mehr. Ich wage den Einbruch in Selbstverständnisse, in die Unversehrtheit, in die vermeintliche Sicherheit, wage den Ausbruch aus der sterilen Kälte. Wer will mich glauben machen, wer mich überzeugen von Bildern und Worten, die nicht auf meinen eigenen Feldern gewachsen sind? Ich habe den Glauben verloren an die verordneten, selig machenden Worte, die gespendet werden in Kirchen, an den Altären der Wirtschaft und des Geldes, in gesellschaftlichen Salons, in Kneipen - an Worte, die wie Medikamente verteilt werden. Tief inhalieren, stündlich schlucken, einreiben, warten und sich zufrieden geben. Funktional sicher. Den warnenden Beipackzettel ungelesen entsorgen. Nur Antworten, keine Fragen.

Die Frage nach der Menschlichkeit, nach der beseelten Menschlichkeit wird nicht gestellt. Was es bedeutet Mensch zu sein, was es bedeutet das jeweils ganz Eigene im Leben zu entfalten, es zur Blüte zu bringen und das Leben damit zu erfüllen. Teil zu sein von dieser wunderbaren Schöpfung, die uns alle untereinander und ineinander und miteinander verbindet.

Fitness

Wer oder was mich veranlasst hat in ein Fitness-Center zu gehen? Ich bin einer Laune gefolgt. Eine Laune, was soll ich sagen? Appetit auf eine Erfahrung. Weil man sich gelegentlich, so die gängige Meinung, etwas Gutes tun sollte. Ab und zu. Nun gut, ich tue mir heute etwas Gutes. Aber worin besteht denn das Gute? Lassen Sie uns miteinander denken: Um gesund zu bleiben braucht der Körper Bewegung, die Organe, die Muskeln brauchen Sauerstoff, der Stoffwechsel wird angeregt, die Schweißproduktion darf endlich mal wieder über die Stränge schlagen, was bekanntlich den Körper reinigt, deswegen wiederum viel Wasserzufuhr, was die Nieren spült. Bewegung reguliert die Hormone, diese wiederum regulieren unser Wohlbefinden. Sie merken schon, man findet im Aufzählen all dieser Vorteile kaum den Absprung. Und die Motivation Nummer eins ist heute ja wohl das Abspecken bzw. eine sportliche Ergänzung zu der momentan laufenden Diät.

Ich ließ mich darauf ein, erledigte Formalitäten, nahm eine Trainerstunde, die mich in den Gebrauch der Gerätschaften initiierte, in der mein Blutdruck und die Fettwerte gemessen wurden, in der ein für meine Bedürfnisse geeigneter

Fahrplan erstellt wurde. Endlich stand ich in einer spiegelverglasten, gerade noch überschaubaren Halle, vollgestopft mit Geräten unterschiedlichster Art, die es abzuarbeiten galt. Ein Mekka der Selbstkasteiung, ein Mekka der Hoffnung.

Denn um Hoffnung geht es hier ohne jeden Zweifel. Die Fettwerte im Bewusstsein, fühle ich mich als verbesserungsfähiges Exemplar. Daran arbeiten, dass eine Veränderung geschieht, dass die Körperspannung steigt. Ich stehe auf einem Laufband, die Zeit, die Geschwindigkeit sind eingestellt, die verbrannten Kalorien gemessen. Eine Stunde lang den Kalorien davonlaufen. Der aufgezwungene Blick in den Spiegel beobachtet, misst und bewertet die Schweißperlen. Wie viele Perlen passen in eine Sekunde, wie viele in eine Kalorie? Kritische Blicke sind auf den eigenen Körper gerichtet, auf die anderen Körper, die an anderen Geräten kämpfen. Breites Schweigen im ganzen Raum, jeder kreist um den eigenen Körper, in seinen Gedanken, allein mit so vielen Menschen.

Es ist ziemlich bedeutungslos in diesen Hallen, wer man ist, ob man einen Namen hat, welchen Beruf man ausübt, ob man Kinder hat oder nicht, was man gerne hat, ob man gesellig ist oder nicht. Was zählt ist nur, dass man einen Körper mitbringt, den man mit viel Aufwand zu verbessern bereit ist. Nicht einmal die Gründe für die Fettansammlung, oder die Muskellosigkeit, für die welke Haut oder die Problemzonen, interessieren irgend jemanden. Nur Körper, die frischgeduscht zum Schwitzen gehen, sich aus freien Stücken deodoriert und parfümiert mit quälender Körperkultur befassen. Menschen, die sich in eigens dafür gekauften und sportlich gestylten, funktionalen Hemden, Hosen und Bodys zeigen, die konkurrierend mitatmen, interaktiv Schweiß absorbieren und verdunstend wieder in die Atmosphäre treiben. Hosen, die hauteng jede Falte, jede Pore, jedes Polster preisgeben. Moderne Spezialkleidung, eine eng anliegende Rüstung. Mir dagegen, in meiner antiquierten Baumwollhose, hoffnungslos hinter dem Zeitgeist her hechelnd, sieht man an, dass ich eben der Zeitmaschine entsprungen bin, keine Ahnung habe und auch nicht dazugehöre, zur Familie der sportlich Ertüchtigten.

Positive thinking. Es findet sich immer irgend einer unter den Schwitzenden, der es geschafft hat, der zum positive thinking einlädt, der erfolgreich seine Muskeln gestählt hat und sie spielen lässt, der kein Gramm Fett auf seinem Waschbrettbauch zeigt, der braungebrannt und lächelnd, vielleicht noch mit dem kleinen goldenen Kettchen angetan, um seine mühsam errungene Perfektion weiß und sie auch gierig, stolz und selbstbewusst zur Schau stellt. Sind das die highlights, für die er so hart gearbeitet hat?

Für mich eine zweifelhafte Zugehörigkeit. Eine Leere, die mir Tränen in die Augen treibt. Kein Kontakt, keine Lebendigkeit, keine Freude. Ein selbstvergessenes Abreagieren an toten Maschinen, die keine Augen haben. Hinten in der rechten Ecke eine magersüchtige, junge Frau, die ihrem entfremdeten, ungeliebten Körper letzte Kraftreserven abpresst. Dicke Bäuche in kurzen Hosen, nach Luft japsend. Finger, die immer wieder den Puls an blassen Armen suchen. Fragende Blicke, ratlos um Erlösung bettelnd. Eingesperrt in einen Kunstraum, der keine Träume bereithält, der die Luft zum lustvollen Atmen als verbissenes, gieriges Schnaufen verkauft. Laute Stille, die nicht nährt.

Eine Trance der speziellen Art, eine Trance, die die Seele unter einer blinden Gier nach Schönheit, nach Perfektion, erstickt. Keine wirkliche Veränderung, kein Neubeginn, der Wurzeln in die Tiefe schiebt. Der Takt verselbständigt, ein Metronom der Kalorien. Und dann die Erschöpfung, die mir, nach zwei Stunden harter Arbeit an den Geräten sagt, dass ich etwas für mich getan habe.

Das Nachhausefahren machen mir Freude und die Aussicht in meinen Sessel sinken zu können, der ein gutes Buch für mich bereithält. So profan, werden Sie sagen, die Frau hat es nicht erfasst. Vielleicht bin ich noch nicht wirklich bereit für soviel Körperertüchtigung, verstehe noch nicht den tieferen Sinn darin oder bin einfach nur unveränderbar faul. Ich werde, und das ist versprochen, meine Körperfettwerte einer eingehenden, stillen und mentalen Prüfung unterziehen und dann beschließen, ob ich sie verantworten will.

Ich will einen Tag

Die Augen öffnen sich in die Nacht hinein. Dunkelheit einatmend, öffne ich sie weit. Versuche die Punkte auf meiner Netzhaut in die Nacht zu feuern. Brennende Gier nach Licht, nach einer Helligkeit, die alles erleuchtet. Werfe Lichtlöcher in die undurchdringliche Schwärze, mühe meine Augen von Loch zu Loch, wandere umher, finde keine Ruhe. Quälende Suche nach einem erlösenden Wort. Sprich nur ein Wort, aber sprich es. Niemand spricht es, ich muss es selber tun.

Jedes Wort kann nur ein Entwurf sein für das nächste, jede Geschichte ein Entwurf für die folgende. Worte, die für Formulierungen vorgesehen sind und in Warteschleifen auf ihren Einsatz hoffen, kommen zu spät. Den Vorhang lüften, die Träume hereinlassen, die Worte fluten, unter einem Strom Wildwasser klären, spülen und reinigen. Warten, bis ihre kleinen Hälse von selber auftauchen, sie im richtigen Moment greifen. Und dem lauschen, was sie zu erzählen haben.

Ich greife nach ihnen und denke zur Probe, so als wollte ich ein Stück Leben aus ihnen bauen, ein Stück Wirklichkeit erschaffen. Komponiere neue Sätze aus anderen

Bruchstücken, neue Satzmelodien, die ich wieder verwerfe. Sie halten nicht verlässlich, brechen auseinander, noch bevor sie zum Einsatz kommen. Oder verlieren ihren Gehalt.

Ich gebe mich dem Sog in den ungeschützten Teil meiner Seele hin. Falle, lasse es zu, immer weiter, breche im Fallen vernarbte Strukturen auf, atme leere Worte ein, die einen weiteren Verrat nicht zulassen, nehme das verlassene Lächeln dankbar zu mir, das einen Abgrund bereithält. Ich suche den Ort, wo sich die Schatten von den Menschen lösen.

Zurückgelassene Nebelhaut, ein duftiger Hauch von Nichts. Kleinste Seelenwesen, die durch ihre Schalen brechen und emporsteigen. Hinauf ins Licht. Schatten lösen sich von den Felsen der Nacht und wandern in Schlieren über weite Flächen. Sie tanzen ihren Reigen, bis sie ihrem Tod in die Arme sinken. Amorphes Treibgut. Kein Ort. Alles stimmt, jedes Bild, das sich zeigt, reiht sich ein in den Tanz. Ganz mühelos, ganz leicht. Ich setze Bild neben Bild, laufe mit müden Fingern heiße Spuren entlang. Plötzlich bin ich alt geworden, zeitlos, plötzlich zum Kind, hin und her, ein Vexierbild des Lichts, ein Trugbild der Schatten. Alles ist immer schon gewesen und wird weiter absichtslos warten auf einen anderen Bildersammler.

Ich will einen Tag, einen neuen Tag wagen. Einen Tag, in dem die Dinge sein dürfen, was sie sind. Wo Menschen sich begegnen können als das, was sie sind. Entblößt, offen und mit nackter Seele. Keine Beschönigungen, keine Rechtfertigungen, keine Deutungen, keine Lügen.

Ich will einen Tag, der die Geschichten hinter den Bildern nicht aberntet, um sie dann dem achtlosen Vergessen preiszugeben.

Ich will einen Tag der Träume, einen Tag, an dem sich Menschen zu ihrem Menschsein bekennen und sich ausrichten nach dem Wesentlichen, dem Ursrpünglichen, der Quelle.

Ich will einen Tag, an dem ich aufhöre mir das Hemd in eine nicht vorhandene Hose zu stopfen, an dem ich aufhöre mein nicht vorhandenes Hemd zu knöpfen.

Ich will einen Tag.

Liebe tut weh

„Hola", sagt die Liebe. „Heute habe ich weh." Heute ist die Liebe zum Irrlicht geworden. Ich hoffe nur heute. Sie dreht sich, sie windet sich, sie rennt händeringend durch die inneren Räume, das Herz zittrig, die Beine schwach. Die Liebe fällt mir leicht, ich zeige sie gerne, ich biete sie an, ich freue mich über sie. Ich liebe gerne. Immer wieder stelle ich fest, dass es so viele Menschen gibt, die sich nicht lieben lassen können. Es ist als drohe man Folterqualen an. Sofort gehen sie auf Abstand, erstarren in altgewohnter Verteidigungshaltung. Bloß keine Blößen zeigen, bloß keine Gefühle aufkommen lassen. Standhafte Weigerung. Eingekapselte Einsamkeiten. Gefrorene Tränen. Glück kommt in ihrem Duden vor. Wer lacht, der weint bald. Also, warum sollte ich lachen wollen?

Meine Augen brennen, meine Seele lodert, kein Ort zum Stehen. Verbrauchte Luft. Leere Taschen. Leben als Gebet.

Tauche in dicken Nebelschwaden nach Menschsein. Immer wieder der Griff ins Leere, die Hände leer. Da, tastend ein Mensch, schon wieder ins flockige Nichts entschwunden. Die Topographie der blinden Flecke. Wer liest die Landkarte? Ich drehe mich, ich wende mich, ich finde tote Plätze, gigantische Gotteshäuser, leere Orte. Entleert, entehrt, menschenfrei, nur brüchigen Halt bietend. Unbrauchbar für die einsamen Seelen.

So ist meine Aufgabe an den Menschen schwer. Ich trage meine Flamme hinaus in die windige Öde, halte das Licht am Leben. Keine Angst, ich verzage nicht. Niemals.

Und doch: Ich will eine Freude, die wie eine gigantische Lichtwalze hinausrollt und die Herzen entzündet.

Am Ende der Worte

Mein Leben gleicht einem Film. Ich bin in vielen Rollen
gleichzeitig zuhause, sitze im Publikum, oder schaue auf
die Projektionsleinwand hinter meiner Stirn. Bewege mich
gleitend, eben noch war die Bühne meine Welt, der Satz
auf die Zunge geschrieben, dann wieder wortloses
Innehalten, das nur schaut. Atmendes Auf- und Abwogen
der Szenen, wild gestikulierende, atemlose Einsätze, mit
kleinen, zarten Stimmen eingereichte Bruchstücke,
Wortkapseln, die ausgesät, ausgestreut darauf warten,
dass sie Ohren finden.

Jeder Mensch hat das ihm zugeschriebene Skript
verinnerlicht. Auswendig gelernt. Die Gesprächslandschaft
codiert. Die Bühne voller Schläfer, die in Warteschleifen
laufen, bis sie ihren Einsatz wittern. Ein Irrgarten der Worte.
Man spricht nicht mehr miteinander, hört einander nicht zu,
spricht nicht mehr für die Seele, vergessen die zündenden
Funken der Herzen. Ein unüberschaubarer Basar der Worte,
der einzelne Buchstaben gegen Wortfetzen eintauscht.
Der Tauschhandel blüht. Tausche dies gegen das,
manchmal lassen sich Teile in die bestehende Sammlung
fügen, manchmal werden sie unbarmherzig entsorgt.
Entseelte Leidenschaft. So viele Menschen stehen in

Position, wie Litfaßsäulen, in einer kargen Landschaft verteilt, rezitieren, proben, wiederholen unaufhörlich ihren Text, sprechen ihn ohne Unterlass, in der Hoffnung, jemand könnte ihn hören, oder sich dafür interessieren. Horchen aber nicht auf den Text der anderen. Schichten Wort auf Wort zu Worthalden, fallen sich gegenseitig ins Wort, stehlen Worte aus Mündern und ersetzen sie willkürlich durch andere. Werfen sich Brocken zu, unentwegt, entwerfen Geschichten nach Plan, die sie an geschlossene Türen schlagen. Eine atemlose Hatz, eine gierende Jagd, geifernd, rechthaberisch und fordernd. Lassen nicht locker, wollen ihr Wort, immer nur ihr Wort platzieren und verewigen. Werden krank, erbrechen mit krampfartigen, unkontrollierten Zuckungen der Münder die verschluckten Worte, leiden an Durchfall, den unverdaulichen Wortsalat ausscheidend. Werfen die Worte ab, die rittlings Besitz ergriffen haben. Ohne Regeln, ohne Wertschätzung, ohne Respekt vor den Worten der Anderen. In vollkommener Beliebigkeit. Spüren nichts, merken nichts, sind im Recht und kämpfen darum. Merken nicht mehr, dass die Worte ohne jedes Leben, ausgetrocknet und welk zu Boden fallen, dass sie in verblühter Landschaft sterben. Allein, in den eigenen Monologen gefangen, die nirgendwo leben. Allein. Unabänderlich allein. Bis der Vorhang fällt. Bis die Filmspule brennt. Was für eine Aufführung! Für wen?

Wortschwaden, die als verlorene Wesenheiten durch menschliche, allzu menschliche Nebelbänke irren, Worte, die nicht mehr zugeordnet werden können. Jeder Mensch eine eigene Sprache, eine isolierte Insel. Keine Berührungspunkte, keine Schnittmengen, einander fremd, sich selbst genügend. Worte sinken verwaist zur Erde, die sie nicht aufnimmt. Gelernte Worte, die nicht mehr am Leben sind, so dahingesagt, nicht gemeint. Ohne Nährwert. Geringschätzung für Worte, die nicht dem eigenen Alphabet entspringen.

So stapfen wir alle durch herumliegendes Wortlaub, schreiende, veruntreute, verwahrloste Überbleibsel eines möglichen Gesprächs. Bücken uns nicht, beugen uns nicht, hören nicht, sehen nicht, suchen den Mund nach Worten ab, legen unsere Worte in andere Münder. Jedes Wort trägt ein Bild, das sich nicht entfalten oder öffnen darf. Die Augen mit den Händen bedeckt, die Worte blind herausgewürgt, in eine taube oder stumme oder taubstumme Welt.

Der ewige, zeitlose Vorhang, der die Welten trennt, ist beiseite geschoben. Einen Blick wagen. Das schlaflose Spiel sichtbar. Auf dem Boden meiner Augen hat sich Trauer eingebrannt und breit gemacht. Eingesickert, hinuntergetropft, als Bodensatz hinzugefügt. Jedes Wort in ein Paket gepackt, verschnürt und aufgegeben. Was wiegt ein Wort? Ein jedes hat seinen Preis. Ich lasse geschehen, eile nicht mehr herbei, um einzugreifen, um aufzufangen, um mitzutragen. Habe mein Skript abgegeben, verbrannt, will nicht mehr Kreuzritter sein, nicht mehr verteidigen und verwalten, will nicht mehr all die lauten, stummen Schreie in Worte übersetzen und sie mit Leben und Liebe füllen.

Worte laufen über meine glühende Haut. Ehrliche Stille. Ein mutiges Lachen angesichts all der Tränen. Einem unbeholfenen Lachen mutwillig neue Worte hinzufügen. Worte fliehen aus verlassenen Häusern. Ins hochgeehrte Publikum all seine Worte spucken, Mitgefühl schreiend. Freudloses Hören, dem sich nur weitere Buchstaben andichten.

Das Wort des Tages oder das Wort zum Sonntag, das Unwort des Jahres. Bitte lasst ein Fenster offen, oder einen Fuß in der Tür, um flüchtige Worte einzufangen. Die brennenden Ohren löschen.

Aus den Tiefen der Seele steigen bedeutungsschwer die Bilder, Platz fordernd. Süchtig nach wortleerem Raum, nach einer Stille, die vibriert, verwöhnt und nährt.

Vergessen

So viele Menschen haben verlernt oder vergessen sinnhaft, in Zusammenhängen zu sprechen. Dialoge zu führen, zu zweit oder zu mehreren laut zu denken, nicht von einem vorgefertigten Blatt Buchstaben abzulesen. Haben die Macht der Worte vergessen, können ihr Gegenüber nicht mehr mit Worten kenntlich machen oder abtasten. Es herrscht ein unüberschaubares Durcheinander der Worte, ein Irrgarten, der keine Orientierung vorsieht.

Der Orientierung wegen besitzt jeder einen Namen, der in einem Ausweis, einer Versichertenkarte, einem Führerschein steht, einen Namen, über den andere Personen glauben Bescheid zu wissen, der registriert, alphabetisiert, gespeichert und damit ortbar ist. Ein Name, der wie ein Haltegriff ins Leben ragt und den Menschen dient, die ihn tragen. Namen ermöglichen den sofortigen Zugriff auf die Person. Sekundenschnell werden Daten abgerufen, Merkmale zugeordnet, gescannt, verschickt, enttarnt. Gläserne Menschen, wohin man schaut. Normiert, bekannt, geordnet, verwahrt. Namen haben großes Potenzial. Bedeutungsschwer warten sie darauf genutzt zu werden. Zwischen all den Bedeutungen irren die Menschen umher. Was ist gefragt, was ist erlaubt, was erwünscht oder ersehnt? Keinen festen Boden unter den Füßen. Die Menschen, auf Wege gezwungen, die nicht die eigenen sind, laufen in die Irre.

Vergessen die Seele des Namens. Vergessen der Ruf hinaus, den jeder Name trägt. In Stein gepflasterte Namen, in dem jeder Stein leben könnte. Wir gehen auf ihnen, leben mit ihnen, hören nicht mehr ihren Klang, verstehen nicht die Melodie, die das Zusammenspiel der einzelnen Namen ergibt.

Ich suche ein Gefühl, das tief in jedem einzelnen Namen verborgen liegt, schürfe in die Tiefe, stemme das steinerne Pflaster auf, kümmere mich nicht um allgemein übliche Gepflogenheiten. Breche in die Namen ein, die wie gepanzerte Schutzschilde getragen werden. Ein jeder für sich, eingekapselt in den Namen, eingesperrt in ein vererbtes Gefängnis, das die Zugbrücke nicht herablässt, die stählernen Drahtseile festgezurrt an alten Mauern. Vergessen das Losungswort, das die Winde freigibt, vergessen der Blick in die Augen jenseits der Mauer. Kein Kontakt möglich, jeder für sich. Vergessen die eingesperrten Seelen, die welken, dumpfen, trauernden und müden Seelen. Vergessen.

Da sitzen die Menschen auf ihren Mauern, schauen aus hohlen Luken, werfen sich ihre Namen zu. Man kann das knisternde Aufbrechen der trockenen Lippen hören, es ist als ob sie Worte essen. Der Himmel ist leer, der Rest ist Schweigen. Die Stille fällt herab in großen Flocken, wie saurer Schnee. Wo ist die Welt, wenn die Worte sterben, wenn Wortblumen vor unser aller Augen verdorren?

Gut genährte Worte pflanzen sich von selber fort, setzen Silben, hauchen Buchstaben in die Welt, strecken sich, verschwenden sich in immer neuen Formen und Farben, gedeihen in bunter Vielfalt, sind vieldeutig, tönend und reich. Wo ist die Welt, wenn isolierte, beschädigte, entblößte, erniedrigte und entwertete Wortfetzen ihr Unwesen treiben und die Schönheit, die Weisheit und die Lebendigkeit unter einer staubigen Schicht Ignoranz begraben. Die Subtilität des Denkens sabotiert, die Blüten der Seele vertrocknet, die Güte des Herzens verraten. Der Himmel ist leer, die zarten Stimmen der Seele verflüchtigt, der Rest ist saures Schweigen.

Da sitzen Menschen hinter Mauern, schleudern nicht mehr mit Worten, verraten nicht einmal mehr den Namen. Haben ihn verschluckt, hinuntergewürgt, verdaut und ausgeschieden, den sie hätten sagen und verschenken können, um eine Welt zu ermöglichen. Sie haben sich in Kapseln verwandelt, in kleine, isolierte, atmende Zeitkapseln, wohinein sie das, was sie Leben nennen, überdauernd zwischenlagern, heimlich horten, geizig beäugen und tiefgekühlt vor fremden Zugriff schützen. Für die Nachwelt, für die Erben, für die Anderen, für später. Ein trauriges Bild, eine traurige Welt. Der Rest ist lautes Schweigen.

Ein Traumgesicht

Im Dämmerlicht der frühen Morgenstunden halte ich
völlig unvermittelt ein Gesicht in meinen Händen. Aus
verkapselten Traumblasen gerissen, an flockigen
Traumschlieren entlang geglitten, vom Seelenwächter
durch ein Zeitfenster gelotst.

Hier liegt es, dieses körperlose Gesicht, in ein filigranes
Fädengespinst gebettet, ein schützendes Spitzenhäubchen
über den dunklen Flaum gelegt. Ein Gesicht aus dem
Wunderbaren geboren, aus dem Nichts herbeigeeilt,
um sich in meine Hände zu schmiegen.

Mein staunender Blick erzeugt keine Regung, keinerlei
Bewegung. Ich schaue aus Augen, die zur Ruhe gekommen
sind, die letzte Welle ist ausgelaufen, hat ausgeatmet,
hat Stille verbreitet. Diese Augen sind wie ein Spiegel,
eine Insel in einer sonst grenzenlosen Landschaft. Weit
offene Augen, äonenweit, steinalt, ich folge dem mühelosen
Sog in die Tiefe. Reglosigkeit im Spiegel. Stille betrachtet
Stille. Kein Wort reicht hin. Kann nur Annäherungen
bildern. Langsam, ganz langsam Schritte aus der
Betäubung wagen. Ein Trugbild, ein Geschenk, eine
Gnade? Reine Schönheit. Kristallene Lichtsterne funkeln.

Die Augen, eben ins Leben geöffnet, haben die Reife
eines Methusalem. Im Schauen angekommen, im Schauen
daheim.

Woher bist du gekommen? Stille, überall Stille. Ohne
Worte. Auge in Auge. Die Eröffnung des Wunderbaren.
Das Erkennen. Weltumspannendes Erkennen.

Diese Augen tragen meine Seele von Leben zu Leben.
Ins Schauen geboren, dem Wunder herzlich zugetan,
schaue ich den kosmischen Tanz, demütig hingegeben
seinem unbedingten Leuchten.

Offene Weite

Die dünne Haut zwischen den Welten. Ein Grat. Einmal beschritten wird er unumkehrbar, ein Rückweg nicht möglich. Ich setze einen Schritt vor den anderen, langsam und zaghaft, dann Schritte ohne Füße, federleicht und sicher. Muss ganz gerade sein, im Schauen und im Spüren. Die kleinste Schwankung, der Anflug eines Gedankens, reißen mich aus dem Wunder. Die Weite hat keinen Horizont, der Abgrund keinen Boden. Offene Weite. Staunend ins Wunder geboren. Achtlos zerstreute, entsorgte oder verschwendete Bilder, aus Büchern gefallene Worte säumen den Grat. Momente eines verbrauchten, längst vergangenen Lebens. Sie lassen mich unberührt. Kein Griff nach meiner Seele.

Allein mit mir, allein mit dem Wunder. Keine Störung mehr möglich, im Fluss, im Gespräch mit dem Geist, der die Welten trägt, allein im Sein. Ich erhebe mich, zart wie die erste, zaghafte Vogelstimme am Morgen, wie ein Schmetterlingsflügel, zitternd ins Licht. Hinaus, hinaus, ins Licht. Gleißende, zarte Fäden, schimmernd wie seidige Perlenschnüre, perlmutterne Schleier des Lichts. Ich liebe das Gespräch mit euch, ihr Geister der Lüfte, ihr Geister des Feuers, der Erde und des Wassers. Lachend lege ich euch meine Seele zu Füssen, verströme mich leichtfüßig und freudig im Tanz, lege meine Liebe über die Welten. Zitternd empfange ich den Weltensegen. Das Leben ist schön.

Mein Erleben ist wortlos. Wunder passen nicht in Worte, nicht in unsere wohl umschriebene Welt, nicht in unsere Routine. Wunder lassen sich nicht planen, benutzen oder kaufen.

Das Wunderbare ist Teil göttlicher Gnade. Ein Geschenk.

Weitere Bücher im **lenzwald** Verlag

Margot Pennington
Herbes Erwachen, Roman

Clara Stiller, erfolgreiche (überarbeitete und beziehungsunfähige) Münchener Wirtschaftsanwältin, wacht eines Morgens auf und kann sich nicht bewegen. Ihr Kalziumhaushalt ist zusammengebrochen. Während dieser Krise tauchen vor Clara's innerem Auge Bilder eines kleinen, misshandelten Mädchens auf, in denen sie erst nach und nach ihre eigene (bisher gut verdrängte) Kindheit erkennt. Mit Hilfe eines befreundeten Arztes (Simon) und einer Psychologin (Frau Lena Lenz, „Zimtauge") findet sie den Mut, die Spur dieser Bilder aufzunehmen und sich ihrer Vergangenheit zu stellen.

Das Buch lebt von den reichen, seelischen Landschaften, die Clara auf ihrer Spurensuche durchwandern muss. Jede der Stationen auf diesem Weg konfrontiert Clara mit einem anderen Aspekt ihrer Selbst und ihrer Vergangenheit. Margot Pennington's Beschreibungen sind so lebendig und nachvollziehbar, dass sie den Leser unmittelbar berühren und ihn auf Clara's Innenreise mitnehmen. Ihr sorgfältiger und liebevoller Umgang mit der Sprache macht das Buch zu einem Lesevergnügen besonderer Art.

George Pennington
Bewusst Leben - Psychologie für den Alltag

Ein praktisches, alltagstaugliches und allgemein verständliches Handbuch der persönlichen und sozialen Kompetenzen. Im Business-Kontext spricht man von Soft Skills bzw. von Selbstmanagement. Es ist essentielles Lebens-Know-How für alle, die Grundlage für ein bewusstes eigenverantwortliches und erfülltes Leben. Die Presse feiert dieses Buch als „Standardwerk zum Thema Lebensführung" (Unternehmer Zeitung, Zürich).

George Pennington
Shadowrider - Field notes of a Psychonaut

How we can deal with the shadows in our lives. (Englisch)